摘柿記

林琪香

The Persimmons Journal

序

寫這篇文章時，我正在前往曾木溫泉的路上。我們的車子老舊，車廂內瀰漫著淡淡的煤油氣味，引擎吵耳，暖氣系統不中用，呼呼吹出溫風卻吹不到後座來。後座沒設安全帶，沙發又特別滑，穿梭在迂迴的山路上時，我抱緊著身體，繃緊下半身的肌肉，與寒意對抗，與激烈抖動的車廂對抗，滿心期待著踏進溫泉水時自腳尖湧上的那陣麻痺。窗外灰濛的天飄下粉雪，而我手心裡殘留了緊握著雪球時的奇妙觸感——上車前，天空傾倒著雪，雪一顆顆的如同保麗龍，握一把，一捏，竟就成了堅實的雪球。對了，如此的雪，叫作「霰」。

這段車程，該會成為我日後關於冬季的美好回憶吧。混著氣味、聲音、風景、皮膚感觸、雀躍、腰痠背痛。

這幾年，尤其是疫情過後，我感到跟世間萬物的距離感有點含糊不清了。家人朋友在地理上分隔，然而卻常在雲端上相聚。獨自去餐廳，自助點了餐後，為我送餐來的是一台機器人，不自覺地低聲說了謝謝，它不作回應。某天翻看舊書，掉出了一張十多年前在柏林短居時的電影票，才想到不知何時，電影票已變成會因受熱而褪色的單薄感熱紙，甚至只是一個二維條碼。很多以往能用五感來感受的事情，都化為螢光幕上的訊號，方便得讓我忘記了自己的若有所失。

兒子在疫情期間走進我的生命，見他每天使勁撐開全身感官來認識世界，一片落葉，端詳、緊捏，在臉上擦，甚至塞進嘴裡饞，而我只懂欣賞其鮮紅與嫩黃，心想，他的世界定比我的精彩很多。

在日本生活的第十二個年頭，我完成了這本小書，關於我在日本遇到的場所、物件、飲食、人和自然。一些無法複製貼上的經歷、一些撤銷不了的耗損，都是我珍惜的事。書中文章大都寫於疫情之後，也有部分是早些年替媒體寫下的，修改了並補充遺漏。

書名《摘柿記》，源自我居住的社區的庭園裡，種了幾棵柿樹，每年秋季果實累累，明明清甜可口卻無人問津，而另一邊的栗子樹，時節剛到，果實便被搖下，內容給取走。

想來或許是柿子太平凡，才備受冷落吧。摘柿、嚐澀柿子、曬柿乾，都是我來日本後才經驗到的。以柿為喻，提醒自己記緊摘取尋常。

在此感謝成就這本書的每一個人。感謝設計師齋藤先生，在擁擠的日程裡割出時間來替這書作設計。謝謝我的伴侶金森正起，一人擔起了修葺老房的工作，讓我能把時間花在寫作上。謝謝我的兒子，我的小天使，我的安慰劑與光。

目次

加藤仲右衛門邸（金森正起這個人）

到底是哪條神經失常了，我們居然在數年前，在瀨戶市窯垣小徑上買下一幢百年老房子。現在細想，仍覺得這決定與我們平常過的生活，實在太不相稱了。

某天晚上金森神情曖昧地對我說，他在房產網上看到一幢位於瀨戶市窯垣小徑上的老房子，「那裡小路迂迴曲折，擋土牆啊、建築物的圍牆都是用燒陶的工具拼成的啊。那些小路是以往陶藝工匠們穿梭其中搬運陶瓷器呢……汽車無法上去的。風景很有趣。那邊難得有房子出售，要去看看嗎？」看房產網站是他的癖好，哪裡富特色的地域有富特色的老房子，他便會心癢癢跑去看。

房子是陶瓷工廠老闆加藤仲右衛門的故居，傳了數代，後人無意繼承，屋主住進老人院後，房子便被丟空著。忘了晚冬還是初春時，我們第一次走進這幢老房子，站在玄關上，濕氣結住了塵埃的氣味撲面而來，玄關後的廚房幽暗，幾個廚櫥裡疊滿了器皿餐具與雜物，大廳裡的巨型沙發、掛在牆上的電視、空調與祖先遺照，裡間照護用的電動床、關於癌症的筆記，很多的家具、書、畫作、衣物、家具、冰箱、洗衣機，甚至還有一個桑拿室，另外兩個倉庫裡，堆滿了大量的陶瓷器與工藝品……屋主似乎是帶著隨身行李便搬離了，留下大堆大堆的生活痕跡。我站在那裡看不出所以然來，金森向地產經紀詢問價錢，知道房子的價格，近一半是屋主將用來清理這些「垃圾」的。

「如果我們自己清理的話，售價是否可以大減？」聽金森這麼一問，我背一涼。

我的預感應驗了，回程時，他已向我描述他天馬行空的計劃——自行清理屋中的雜物吧，修葺後作為旅館吧，又或是咖啡廳吧。他雀躍不已。說起來，他一直很希望我能開一家賣咖啡點心的小店，我卻因為小時不分晴雨地跟父母擺路邊攤，早厭倦賣小吃的各種艱難，不想再涉足。

那陣子，我們其實還在計劃重建我們於名古屋東谷山上的小屋。近十年前，金森在報章上看到兒時常去探險的「鬼屋」的銷售廣告，價錢低廉得他沒多想便買了下來。那是一幢荒廢了數十年的鋼筋混凝土建築，我們曾經戲稱它為小小美術館，在裡面舉行過古道具的展覽。原打算在展覽結束後，便將之修葺作為自己的居所，然而設計方案一直沒落實，計劃便停擺了。如今他腦中又萌出新念頭，我把自己泡在想像中的湖水裡，任

他說甚麼都變得像來自世外的聲音。

我以為過幾天，老房子的事便會不了了之，想不到多天後，金森的父母也往窯垣小徑參觀了。看來他一直對房子念念不忘，工作休息時（他的工房位於父母家的旁邊）忍不住跟父母分享了他模模糊糊的夢。一個多月後，我又被他拉到老房子去，他把夢再描述一次。「除了旅館，還可以劃出空間來辦展覽啊。」他手舞足蹈的，雙眼綻出了星光。看著眼前這個年近五十的少年人，忽然想，我這種瞻前顧後的個性，會否綑綁了他原能走得更遠的雙腳、能攀得更高的雙手？

我們沿著窯垣小徑走回停車場，陽光穿過林木，幾團光暈落在以燒陶道具拼成的擋土牆上，花草仍未長盛，顯得草叢裡用來防雜草生長的塑膠網尤其礙眼。金森跟我說著他與瀨戶的淵源，這個千年的陶鄉曾是他上大學的必經之地，幾乎每天往返，他卻從不知道窯垣小徑的存在。「如此獨特的風景，該好好維護。」他說。

我腦中浮現起老房子裡的大堆的家具與雜物、被隨便用透明膠紙修補過的木窗櫺，破了皮的牆壁、長了黴菌的樑柱。房子已丟空了兩年，聽房產公司說，過去曾有兩個人查詢過，但日本人了解老房子隨時成為子女的負擔，而且修葺工程深不見底，查問了也就卻步了。我身旁這個獨自伐去遮天擋日的竹林的少年人，將山上小屋的庭園還原成陽光透進，果實長得成的森林，曾獨力把小屋的裝潢除去，把骨骸畢露的廢墟化為展覽場地，定是不忍房子在年月裡老化，任其好風景不再吧。當這幢房子交到他手後，當他與這片地域連結起來時，會誕生出甚麼來呢？

後來金森的父親問我，為何會同意他把重建山上小屋的錢，用來買下那幢老房子，我始終答不上來。我們沒有周詳的業務計劃或豐厚的儲蓄來讓老人家安心，我不想他認為我們不切實際、任意妄為，但也沒自信反駁，只能回答：「即使最終虧損，也不過就是那些錢而已。」聽來灑脫，但想到在山上小屋居住的夢想變得遙遠了，還是不免遺憾。

金森一直花很多心思在建立屬於自己的地方。我們認識之前，他已不顧家人親友的反對，把東谷山上的小屋、連結小屋的園林與山谷一併買下來。我沒有親眼目睹過這房子原來的模樣，然而單看照片，也理解何以當時旁人對他的決定極為反對。包圍著房子密不透風且長滿了青苔的磚圍牆；圍牆內外堆堆疊疊的嶙峋大石如巨獸；密密麻麻遮蔽了天的竹林、因竹子擋了光而拼命往上拔的各種瘦長雜木……長滿了植物卻死氣沉沉，唯一叫人感到生命力的，是地上多處被翻得亂七八糟的泥土，明顯是野豬出沒的痕跡。房子裡受潮的榻榻米上鋪著發霉的被褥，勾起人們各種陰森的聯想，亦是對這房子卻步的另一原因。

「那些巨石、竹子都不是這山林原有的東西。竹子如野草，不打理的話會一直蔓生，園林只會越來越暗沉，其他植物因此無法健康生長。那時，我只希望能把生命力還給森林。」金森後來花了幾年時間，將圍牆推倒、把林裡數百棵竹子劈下，又用挖土機抬走那堆為造園而搬進來的巨石。陽光透進了，風吹來了，森林與房子都變得明亮爽朗起來。然後，他把房子的內裝統統拆掉，將前人留下來的氣息統統抹走。空晃晃的房子，只保留了基本結構，亦即是我初次到來時的模樣。

我清楚記得自己初次踏進這森林與房子時的感覺，坐在房子的二樓，看著窗外青綠的楓樹隨風搖擺，風吹、鳥鳴、竹子婆娑，我感受到房子與森林調子一致的呼吸。一時之間，忘記了自己身處在名古屋這個現代化的都市裡。大隱於市，原來是用來形容這種地方的。

後來，我們在森林裡種植果樹與山野菜，將之打造一個「可以吃的森林」，也植下了烏樟、山櫻、紫陽花等他喜歡的植物。他為森林規劃步道的路線、修斜坡，一點點地將之化為自己理想的模樣，而奇妙地，每當他多動一點工夫，森林便貼近自然，褪下了前人留下的人工痕跡，彷彿那裡本就如此，是渾然天成的。如同他的作品，費盡工夫，卻不著痕跡。

這幾年，金森開始關注「土中環境」，亦即土壤中的空氣流動、水流、微生物等跟植物及山林環境的影響。人類在山林灌混凝土建造水壩、道路與房屋，原來會堵住大地的呼吸，影響遠至數公里外的山林，令樹木大量枯萎，甚至使地域受洪水之災（請參考另一篇文章〈自然：大地的呼吸〉）。山上小屋的改建計劃，也因著他關注的課題不同了，而不斷變動。原來只打算修葺小屋，在二樓的陽台增建房間，他想到土地裡各種存活的生命，希望除去現有的混凝土建築與地基，採用傳統的「石場建築結構」（把石塊作為地基，房子的結構柱只安放在石塊上，不固定，而石塊下則埋了米糠炭等，為土地養育微生物），以保護大地的呼吸。

山上小屋的重建計劃，彷彿是金森對自己價值觀的叩問，過程如同以指尖輕撫著黏土，費年費月，輪廓才日漸鮮明。他追求的並非現代家居強調的四季如春，無懼風雨，而是一個連接自己文化基底的空間，能讓他與大自然同步，與環境共存。唯有這樣，他的靈魂才能感安穩。

另一方面，我為要推倒原來的混凝土建築感到可惜，想到拆卸後留下大堆的建築垃圾，使我一直無法由衷地附和他的想法。存在的已然存在，有否方法好好將之利用？在這一點上，我們始終無法完好地咬合。

在遇上加藤仲佑衛門邸前，我們剛巧不約而同地把目光投在日本古來的美學觀念上，並各自對於自己往後的路向萌生了新的想法。

金森上了大學以後，曾花了近十年時候來探索自己的方向。父親是金屬零件工廠的老闆，他壓根兒不想繼承卻以為別無他選，到大學修讀工業科技，卻一頭埋進滑雪板運動裡，週末時驅數小時車往返滑雪場，畢業後決定花一年時間放任自己滑雪，便到雪山上的旅館打工。之後曾投身家業，卻苦如丟失了大半個自己。其後從事過林業，又考慮過當清拆古民宅的工匠，之後走訪各地的打鐵工房後，師從松岡信夫，邊當學徒，邊務農，過著憧憬的半自給自足的生活。近三十歲才發表自己的金工作品，沒幾年就在多治見的百草、伊賀的 Gallery Yamahon 等日本重要的工藝藝廊辦大型展覽。

他在日本最為人熟知的，是把琺瑯這工業製品當工藝來做。他也會用上銅、錫或鋁、鐵等材料。他造鐵器時，刻意任造好的鐵器受日曬雨淋，花幾年讓它生鏽，再把鏽跡除去，抹上漆，新的製品看來彷是近百年前的。因為他幾乎不替作品刻名字，曾有古董商人把他造的茶托當古物來賣，價錢是原價的數倍。他其實還造很多千奇百怪的東西，像把老舊的農具加工、在鐵線網上抹上泥土造成立體雕塑……涉足的範疇太廣了，為他辦展的藝廊習慣稱他為金工，我始終覺得不足以描述他，開玩笑說乾脆如寺山修司般，職業寫上「金森正起」好了。

這幾年，金森感到日本當代的工藝常流露著對西方的嚮往，充滿個人主義，強勢而壓倒性的，與日本傳統上注重的謙讓、柔弱、融和，有著巨大的差異，他更渴望著一個

能讓他隨心所欲地直面的日本傳統空間，讓自己浸泡其中，煉出更貼近日本最根柢美學觀念的作品。

至於我，於日本生活的日子裡，邊賣文邊學習日本美術的種種，也胡混地在京都的藝廊當過經理，策劃工藝相關的展覽。那時其實對日本美術的認知不足，自己的世界觀也如雲如霧，不成形的，直到後來，才模模糊糊地明白到，自己如此被西方主導的美術教育所影響，傳統的日本美術，有了空間、人、光線才成立，不如西方，多是獨立在鎂光燈之下。或許在生活繁瑣雜事都塵埃落定以後，我們可以找一個地方，探索出自己心目中的美術展示方式。

在這樣的背景之下，我們遇到了加藤仲佑衛門邸。從各方面看來，它對我們來說都是太豪華了點，然而，它卻湊巧分別貼近我們渴望的——石場建築結構、現存的和式空間、薄如紗的光線、幽暗的居室、容許我們的思想暢泳的場所。同樣重要的是，它位於窯垣小徑之上。因著一幢房子，我們與千年陶鄉的歷史文化連結起來，心裡感到莫名的踏實。

房子歸於我們名下第三年，修葺工程才一點點地進行著。這期間，金森每個月都會與庭園師朋友，於窯垣小徑上辦維護里山的活動，或在庭園裡作改善「土中環境」的種種實驗，幾年間，建立了一個小小的志願團隊。我們還曾在裡面舉行過電影觀賞會。另一方面，金森把建築師朋友拉下水，開始為他最初的旅館方案規劃空間布局。建築師朋友建議把哪裡的柱拆下，把哪道牆推倒作大片的玻璃窗，造成帥氣的古民宅，越談金森退得越遠，把房子看清，也把自己看清，他慢慢地明白到自己最終的願望，是維護這幢建築物，維護這地域的特色文化與風景。他並非想大興土木將建築物改建，以展現自己，而是把建築物復原，將以塑膠或化學合成物料加建的部分拆去，以傳統建築工法盡量回復其原貌。也是如他的作品般，如山上的小森林般，費盡工夫，不著痕跡。

後來聽到他同意放棄旅館的計劃，我暗地裡鬆一口氣。日語之中有「等身大」一詞，除了如字面上所指，形容模型等是真人的大小外，也指所作所為，與本身的能力相配，我很喜歡這形象化的形容。藝廊是我倆最為熟悉的領域，一年開辦兩、三個展覽，對我們來說，是等身大的經營方式。修葺工程浩瀚，老朽的瓦頂多處塌下，好多道樑柱被白蟻蛀過，維修費用超出我們的預算，我們也覓得「等身大」的應對方式，先劃分急緩，非修不可的先修，無可無不可，就先擱著，待藝廊有收入了，才多投放經費。金森在拆毀山上小屋的內裝，以及老房子增建的部分時，親身經驗過建築廢料的沉重，知道有多少現代化的建材終將成為世代相傳的垃圾，他無法接受，決定修葺時只採用傳統天然物料，廢時廢工，造價也較貴，這或許不是「等身大」的，我們卻不願在這點上妥協。

朋友問起我們買這房子的目的，我們回答說開辦藝廊後，我總忍不住開玩笑說：「是因為一時大意才買下的。」說開設藝廊，說保育這房子，都是與這房子長處日久以後，才醞釀出來的結果。現在想來，當時或許我們只要渴望著一個地方，把自己不成形的價值觀、審美觀、世界觀，變得可視化、可塑化，得以仔細凝視，慢慢地為我們心底最深處飄浮不定的靈魂建立一個落腳地。只是這些話，若說出口就太造作了，就留在心裡、寫在書裡好了。

雨天

半睡半醒間，感覺被滂沱雨聲籠罩，也不知道雨是傾瀉在夢裡還是在現實中。睜開眼，只見室內一片昏暗，卻原來已近七時。初夏的日子，平常太陽不到五點便冒頭，從窗簾縫隙中滑進如小刀，劃破朦朧睡意，怎麼這天陽光如此慵懶？拉開窗簾，果然外面一片迷霧。天氣預告說要進入梅雨季了，凌晨時分便真的下起雨來。

正當我煩惱著要否把堆積如小山的衣服塞進洗衣機，洗好了要晾在哪個房間吹風扇時，兒子已迅速爬下床，邊跑出房間邊興奮大叫：「下雨了！下雨了！」聽到他爸說要跟他去公園散步，立時迫不及待地奔往他的衣櫃，翻開疊好的衣物，嚷道：「雨衣呢？穿雨靴，對吧？」然後拖著雨衣跑到玄關去，一屁股坐下，套上雨靴，也不管雨靴其實穿反了。

自兒子出生以來，不論晴雨，每天早上，金森都會帶他到附近公園散步，有時金森事忙，我便下午帶他出門。還不會走路時，雨天裡，我用背帶把他塞進懷中，撐著透明

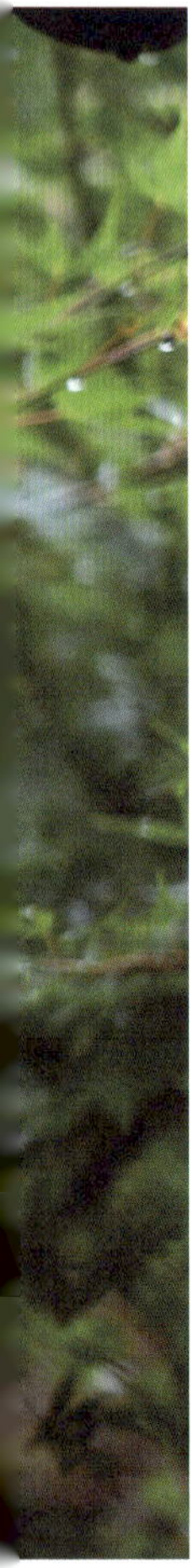

的雨傘，讓他在傘下看雨珠在傘上相遇結聚。待他行動自如了，金森便由他在雨中奔跑。每次父子倆散步回來，兒子總是濕漉漉的一身泥巴，進屋後，卻還得跑到陽台去看一陣子雨，才心不甘情不願地被我們拉進浴室淋熱水澡。

「真是及時雨啊。」金森一臉喜悅地說，並替兒子穿上雨衣。「青苔被雨灑過，說不定就恢復健康了。」

最近金森大部分時間待在瀨戶的老房子裡，獨自清理被他拆下來的建材。老房子的浴室該是前屋主加建的，他一直覺得那些單薄的材質及粗糙的做工與原來的房子格格不入。老房子有老房子的氣度，決定將之修葺的時候，他便決心把被添上的部分盡量拆除。昨天清理工作開始前，突然想起早些天園藝師朋友送了我們一袋青苔，是她在打理別的庭園時採下的，已待在袋子裡好一陣子，有點破碎了。他看了天氣預告後，一把一把地將它們鋪在石拼小路的兩旁，貼在泥土上與石上。破碎的青苔已成棕色，半點不翠綠，得待雨水洗刷，才能回復生氣。此時天雨迷濛，他笑顏逐開。

兩年前開始，金森與角谷在網上召集了幾個志同道合，每個月到瀨戶的庭園作整修，替向陽的南庭內長得張牙舞爪的植物剪去亂舞的枝葉，替一棵松樹搬了家，把兩顆楓樹移植過來，原來氣派十足的庭園顯得寧謐動人了。至於幽暗的北庭裡，有一整堵以燒陶道具拼成的牆壁，風雨蟲鳥為它帶來無數花草樹木，老房子日久失修，北庭被荒廢，但逐點地把它們的枯枝落葉清埋過後，生氣便回來了。人處室內，目光越過房間的黑暗，觸及北庭的柔光，彷彿眼下的風景是從久遠的過去遠道重來的。

晴空萬里陽光普照之中，萬物鑲著金邊，庭園有著堅毅的生命力，但和式的庭園，我始終較愛梅雨季節裡，雨後天陰時的景致與氛圍。雨中蟲鳥花草都沉著氣，默默地迎接雨的洗滌與試煉。雨剛過，蟲一舉齊鳴，植物也抖擻了精神，原來青蔥的色澤在重重行雲下抹成了深綠，身上的濕氣映照著淡薄的日光，彷彿初生於春季的孩子們，初夏裡經過了生命的歷練後，添了幾分沉穩的氣質。早幾天我到瀨戶時，正好是雨後，通往老房子的小徑兩旁長滿枝葉茂盛的大樹，原本就是一條樹蔭小道，雨後更陰暗。我走在小徑上，發現路旁的山紫陽花已盛開。幾近墨綠的葉片裡，山紫陽花怡然自得地仰天靜立，粉紫混著淺藍透著深沉灰白，彷彿把日落時東邊的天空都收在小小的花瓣裡。

每次回到京都，若剛巧碰上雨天，便會迫切地想往法然院的墓園去。谷崎潤一郎晚年的著作《瘋癲老人日記》有一個場景是以那墓園為背景的，他與其中一位妻子松子的

墓亦設在那裡。他曾如此描述法然院：「法然院位處市中心，旁邊又有電車經過，櫻花季節時特別繁囂。然而，一進入境內便是令人安然的靜謐空間。這種對比，正是其魅力所在。」今天法然院一帶的電車已停駛了，但鄰近的哲學之道，不管是否旅遊季節，都遊人熙來攘往，相較之下，法然院的墓園濃厚的肅寂便更顯可貴。雨後的墓園尤為冷清，園內瀰漫著植物的青澀與泥土的氣味，不知是否因為空氣裡的微塵都被清洗掉，萬物的聲音尤為清晰。雨灑在青苔上時混沌，落在枯葉上時清脆，還有樹木回應清風揚起的沙沙，偶爾飛鳥劃過長空的動靜，綿綿密密地把我們籠罩。那樣的氣氛之中，慈雨、好雨、甘雨、順雨……腦中不自覺地浮現出各種歌讚雨的日語漢字來。

想到將連日大雨，金森與兒子出門後，我便把衣服洗好，晾在客廳與睡房的窗前，兩把風扇搖呀搖，期望衣服乾透後不會發出異味。「雨天真惱人啊。」我自言自語之際，父子倆回來了，兒子興高彩烈地喊道：「媽媽你看，我的鞋變小船了！下雨真好玩呀！」說著脫掉雨靴，一鞋子的雨水傾瀉。他樂得如梅雨季裡的太陽，我哭笑不得，忽然就想起詩人中村草田男的名句：「いらぬ雨か　恵みの雨か　私の都合で雨を言う」沒用的雨，惠澤的雨，都由我說。

白湯

「那你們吃飯時喝甚麼呢?」日本朋友聽到我們平常不喝酒大表詫異。腦中立時掠過香港一位崇尚自然療法的朋友的臉，皺著眉頭勸我飯水分離，說是解決胃部大小問題的好方法。小時候家裡開飯，中央總放著一大碗湯，每人一個湯匙，邊吃飯邊舀湯喝，家人分享著愛與涎唾。現在當然覺得不合衛生，但自小養成的習慣實在難改，飯離不開水。我解不開香港朋友結在一起的眉。

「喝白湯……」我知道日本人習慣了喝冰水或茶，覺得自己的答案聽來太矯揉，回答得有點心虛。

朋友一臉錯愕:「啊……白湯啊?白湯很美味呢。」說罷咕嚕咕嚕地將杯內餘下的冰啤酒喝光。「我也愛喝白湯啊，在早上起床後喝，但實在無法喝超過兩杯呢。」

「湯」是熱水的意思，泡澡的是「湯」，泡茶、泡泡麵的也是「湯」，而白湯，其實就是熱開水，但又與熱開水有點不同。熱開水單純是煮沸了的水，不計較煮水的時間與方法，而白湯呢，必須以明火來煮，把水煮開後，還得用小火煮上十分鐘。水吸滿了火的能量，氯氣等身體不喜的成分都蒸發了，然後放涼至不會灼傷口腔的溫度。因為「湯」裡無色無香無穢無害，因此被冠上「白」。白湯，唸著時眼前彷彿飄起縷縷輕煙，是寒冬裡的安慰。

有人視起床後喝白湯為促進腸胃的養生術，對我來說則是讓自己感受自己身體的方法。早上剛起床，精神與腸胃混混沌沌，只是早晨的事務多，煮早餐、做便當、洗衣與整裝……心神被雜事追趕，焦躁不已。這時先為自己倒碗白湯，給自己數十秒的停頓，任白湯自喉頭緩緩流進還在半夢半醒的空腹之時，感到有如梅雨灑落大地，身體細胞被喚醒了。然後提醒自己，這副血肉之軀陪伴了我數十載，我們大概還有數十年的相處，只有我才能察覺它的繁榮與衰敗。身體與自己相連而心安。

朋友說白湯美味，大概不是敷衍，日本語之中有「体に美味しい」的說法，身體感到美味，不是味蕾或口慾的滿足，而是五感臟器被慰藉，身體舒暢，心靈也愉悅。說白湯美味，我想那是身體、心靈同時傳來的訊息。

日本平常大都以茶款客，但在茶會裡，有時也會為客人奉上白湯。日本美學濃縮在茶道中，茶事裡使用的器物、床之間插著的一輪花卉、牆上的一幅書畫、木炭燃點時星火閃爍的聲響、和服磨擦的動靜、飄盪的香氣、窗外的蟲鳴、窗內屏住的呼吸聲……每

一個瞬間都是美的凝結，關於季節、關於人情，樸素靜謐的空間裡，有著飽滿的感受需要茶客以最開闊的胸懷啜飲。參加茶會的客人，不少都是遠道而來，茶會開始前奉出的白湯，是為茶客洗去日常生活的繁雜而送上的。凡塵俗事隨水而去，唯留澄明心境，感受此時此刻。有些茶頭會在客人喝過薄茶後再奉來白湯，於鐵釜裡烹煮了多時的清水又軟又甜。在客人面前，一瓢一瓢地傾在杯子裡，薄茶的苦更顯水的甜。我想那口白湯，潔淨客人的口腔之外，也提示著，世間萬物之本，都是如此純粹，看似無一物。

奉抹茶的叫茶碗，在居酒屋用過膳後，店員奉來焙茶，用的窄口茶杯叫湯呑，至於奉白湯及煎茶的，則叫汲水茶碗。汲水茶碗多以白瓷製成，寬口，以凸顯茶色與透徹的水色。湯呑這名字不難理解，呑是日語裡有喝的意思，「喝熱飲料」用的杯子，就是湯呑。汲水茶碗為甚麼叫汲水呢？翻查了不少資料都找不到明確的答案，或許是茶會上，從鐵釜取水的動作被視作汲水，才得到這名字吧。

我們用來喝白湯的是陶藝家石井直人製作的陶器，茶碗寬口而偏平，像個小缽。沸騰的白湯一注進去，不消一陣，就降至嘴唇不抗拒的溫度。用它來盛熱茶的話，口太寬茶易涼，或許不教人愛，但我們倒覺得這剛剛好。杯口寬，單手拿著時有點不安，喝時便雙手捧著。身體動靜連結內心，因為這樣一個不自覺的動作，口裡說出的「いただきます」（我領受了）都是自心裡掏出來的。雨自蒼天行雲降下來，落在湖泊裡，借助很多人的智慧、水道工人們的努力，才成就這一碗白湯，我們喉嚨得以滋潤，身體得以運作。我們領受了自然的惠澤，也領受了人們的辛勞。

數年前，我曾採訪過一家位於愛知縣岡崎市的喫茶店Y。Y位於山林之中，只在午後至黃昏時營業數小時，提供的是店主用味醂取代砂糖調味的紅豆泥點心。店主說話時輕聲細語，卻散發著凜然的氣質。採訪那天是Y休息的日子，我在店內由午後待至傍晚。時值早春，天幕下得早，室內只有數顆三、四十瓦的電燈泡零落地懸天花板上，光線幽幽，彷彿下一瞬，自己也將沒入漆黑裡。我們待在廚房中黑暗處，凝看著窗外漸轉深藍的山色，身後的電油暖爐上放了個大水壺，壺嘴吐出白色的蒸氣裊裊。她為我奉上放了薑片的白湯。「白湯真好啊。」她說。我呷了一口，感受肚子溫暖了而皮膚微寒，萬物俱寂。

這樣一個店主，某年過年後，曾在店內舉行過白湯 bar，菜單上的咖啡給撤走，改為以鐵鍋煮的白湯：單純的白湯、放了薑片的白湯、加了梅子乾的白湯，價格都是零元。忘了甚麼原因，我並沒有參與白湯 Bar，也沒有問過她辦白湯 Bar 的原因，只一廂情願地感到那很合她的氣質。後來，店的經營方式多次轉變，有一陣子，店內不許客人聊天，又有一陣子，只接受獨訪的客人，這些轉變都是隨著她的身體與精神狀況而衍生的。我想，她喝著白湯，聽著身體心神的聲音，小心翼翼地回應了。

說起來，我們不單吃飯時喝白湯，連晚酌時喝的也是白湯。晚飯過後，開玩笑般拿出茶壺與小杯，為彼此斟著溫吞無色的熱水，有時連點心也沒有，就那樣一小杯一小杯的，浸潤著身心。白天裡煩囂的、擾人的，請白湯統統洗去吧，別溜進夢裡。

煙火和線香花火

大哥一家四口來日本旅行，去過動物園、遊樂場後，便繞來名古屋郊區探我。他們到達的前一天晚上，收到大嫂的短訊，問我家附近有否可以放煙火的地方，說在百元店見到手提煙火組。煙火是日本夏季的風物詩，暑假時各地都會舉行花火大會，商店裡也很容易找到煙火，只要是執在手裡而非飛上天的，在大部分公園都能玩。我以為是小孩子鬧著要玩，後來才發現真正貪玩的，是童心未泯的大嫂。

炎夏的大白天，煙火點燃了亦難見火花，但還是在我們山上的小森林裡辦起微型的花火大會來。陽光下，燃起的煙火只燒出濃煙，以及零零碎碎的火屑，原本興致勃勃的大嫂與孩子們便提不起勁了。負責點火的大哥本來急性子，見大家索然無味的樣子，便一把將一套七枝的煙火握成一束，火花直噴，孩子們嚇得躲在媽媽身後，我在旁看得哈哈大笑。

煙火組裡有幾條細細軟軟像紙條的，是線香花火，拈著紙條，垂著點燃，花火燒起緩緩往上爬，起初的花火細碎，中段時突然活躍起來，綻出一朵朵如菊的花火，而且越來越急，越來越有拚勁。最後又慢慢地平靜下來，小火球慵懶地繼續朝上游動，直至煙滅了，剩下手裡細柔的紙條。日本人自線香花火看到人的一生，年幼時的稚嫩，壯年時的衝勁，老年時的看破與放下，一生裡，璀璨有時，沉靜有時。大哥買來的煙火是國外製造的，做工有點粗糙，燒到一半，那如星的火球便會突然掉到地上，不明不白地丟了生命，似乎也暗示了世事的無常。可惜天還太亮，點點星火掩沒在陽光裡，線香花火沒法向孩子傳達生命的脆弱與微小、燦爛與美麗。

看著線香花火完整地走完它的一生，常讓我感到莫名的安慰。因此我在家裡抽屜裡藏著線香花火，可說是我感煩擾、鬱悶時的解藥。日語中有一個很美麗的字：儚い，意為脆弱的，稍縱即逝的，如人在夢裡，萬物虛幻。凝神於花火點點時，尤其感到當下一瞬似虛似實。線香花火的美，是處身夢境般的美。

好多年前，因為工作關係，探訪了生產琵琶湖花火大會所用的煙火的國友鐵炮火藥店，到了他們位於京都山林裡的煙火工廠，看了那些上百公斤的煙火球，並乘坐他們的煙火船駛進琵琶湖裡，仰望即將填滿花火的藍天。花火大會正式開始時，國友先生替我

及同行的攝影師安排了上好的位置，遠離人群，坐在草皮上安安靜靜地觀賞著花火在面前、在頭上爆發綻開。火球拖著長長的尾巴呼嘯著攀上天，隨著轟隆一聲巨響，花火溢出瀉下，我兩眼、耳畔、每道神經都被花火佔據，在我感到迎面撲來的壓迫之前，煙火已然消散，還來不及喘一口氣，天空又被如垂簾的煙火鋪蓋，壯闊浩瀚。

為免我們離場時人擠人，國友先生特意在琵琶湖的客船上安排了客房。那天晚上，我躺在客房裡比單人床還狹小的床上，關上燈後的房間漆黑一片，窗外映進湖岸上零落的燈光，我闔上眼卻見得到一個個在天上爆開的火菊花，就像盛宴散席離場，心裡說不清是興奮還是失落。

記得那次我還採訪了攝影師冴木一馬，數十年來他跑遍了日本全國的花火大會，將各種色彩各種形態的花火，凝結在照片之上。在他向我展示的無數作品之中，包括了一張在火車月台拍攝的。冬夜裡，面帶幾分疲態的人們安坐在火車內，等待著火車將他們運送往目的地。窗外天空煙火璀璨，不知道人們有否為之所動。

是枝裕和的電影《海街日記》（海街 diary），有一段關於煙火的動人情節。同父異母的鈴（廣瀨鈴飾）與友人參加夏日祭禮，坐著小船看海上煙火，與此同時，埋首工作以忘記失戀傷痛的二姐（長澤雅美飾），則在高樓夾縫中窺見煙火的一角。各自經歷著自己人生的姐妹們，回到家裡時，一同換上浴衣，在庭院裡點燃了線香花火。龐然的、震動人神經的、火光滿城的，都屬於外界，而手上那微小的、楚楚動人的，則是僅屬於她們的，只能照亮她們臉頰，卻也足以溫暖她們的內心。

再觀賞花火大會，已是多年後，兒子出生以後的事了。那是一個社區的小型花火大會，每年八月舉行，僅進行十五分鐘左右。在我們家的陽台上，能看到稍大的、飛得高的煙火在遠處的建築物後綻放，至於較小的煙火，傳來的就只有轟轟的爆炸聲而已。第一年，我們抱著兒子站在陽台上，期待著煙火從建築物後升起，想不到兒子竟被震耳的巨響嚇哭了。趕緊躲回屋內，把全家的窗戶緊閉，聲音進不了屋，待他總算安定下來時，花火大會也結束了。翌年，他已兩歲多，膽子大了，瞪著圓滾滾的眼珠子，期待在大廈後方冒起的花火，不管是被擋了一半的，還是完整無缺的，他都發出低聲的驚歎，緊拉我的手臂，指向火光，叫我「快看，快看！」我凝視著他眼睛的星光，感到世界如此明亮。

今年、明年、往後的夏天，我們大概也會一起凝神於被建築物遮擋的煙火，至於那些大型花火大會的浩瀚，就待他年長了與自己選擇的人一起經歷吧。到時，如果他願意，

我會預備好線香花火，待他帶著難以言喻的心情回到家後，一起全神貫注花火的變幻無窮，一起珍惜那瞬間的絢麗，一起為眼前微小而脆弱的短暫生命而感動。

I ram karap te

才春末，在超級市場便能找到西瓜。圓滾滾的西瓜，果肉紅噹噹的西瓜，兒子指著比他小頭顱還小的西瓜，嚷著立刻要拿來作點心。立刻？也無不可，說服他選已切好的，兩人坐在超市的休息區，分來吃。兒子甜得瞇著眼，笑容如蜜。我咬了一口，西瓜在嘴裡化為一湖甜水，我滿口盛夏。十三度糖，原來會把人迷得季節錯亂。

在日本難得買到本地出產而不甜的水果，草莓、蘋果、蜜柑、水梨……都像是喝著糖水長大的，甜得入心入肺。水果要賣錢，得甜才討人喜歡。我唯一一次吃到不甜的西瓜，是在一家叫イラムカラプテ（I ram karap te）的民宿，西瓜粉紅色的，透著七月早晨溫吞的日光。

我們初次到訪 I ram karap te 是因為一場誤會。I ram karap te 的建築，原是由推動自然農法的臼井健二與友人在四十多年前，花了三年時間，親自伐木並動手建成的。塗上了厚實白灰漿的土牆、深棕色的粗獷原木樑柱與陽台，加上屋前茂密如天然布幕的大樹，令這建築物看來如同出現在童書繪本中的場景。

在臼井健二經營的時候，那裡是他與夥伴們實驗自然農法的土地，同時也是一家以「可持續農法的生活」為主題的旅館，訪客的目的大多是為學習自然農法，或體驗務農生活。我們在數年前首次來到，滿心以為能跟臼井健二請教種田的種種。出發後才知道原來建築物已易手。其實臼井健二的時代，這裡明明叫舍爐夢，I ram karap te 是現時的經營者山崎大為其取的新名字。我們竟糊塗至此。

I ram karap te，是北海道原住民 Ainu 族打招呼時的用語，字意是「請讓我輕撫你的內心」，如此溫柔的名字，與它的所在地的名字長野縣安曇野很相襯。安曇野，安曇野，安穩的，暖陽青空白雲下的原野。

山崎大跟這裡有著不可多得的緣分。二十五歲時，他因腦出血幾近喪命，離開醫院後他獨自踏上改變他一生的旅程，往秘魯體驗死藤水，到印度學習冥想，並走過全球

七十一個國家展開靈修的旅程，跟自然、宇宙、異地裡善良的人們相遇。二〇一六年，他以舍爐夢為其中一個據點，帶領斷食及冥想練習。後來，臼井健二決定搬遷，到另一地方建立自己的農園，他便於二〇一九年接管了這建築物，將之化為一個結合了冥想中心及住宿的空間，一半為合租房屋，一半為旅館。這些都是我們後來聽山崎大說的。

或許走過死門關的人，都有其擁抱生命的獨特方式，而這方式會散發著奇異的力量，感染著他所在的地方，以及與他同在的人們。山崎大帶領下的 I ram karap te 有著奇妙的包容力，來自五湖四海的人，背負著不同故事，在這個遠離繁囂的地方交匯，進進出出的旅人們，有的迴避，有的則張開懷抱，迎接著一閃而過的心靈交流。至於我們，初次在那裡短暫留宿的兩天一夜裡，並沒感到「賓至如歸」，或者該說沒感覺到自己是「賓」，我們只是很自然而然地，被包括在他們之中。

那時正值晚秋，我們晚了出發，到達時已是傍晚，四周幾近漆黑一片。沒有任何路標，也沒人來迎接，我們心裡有點不踏實，還好建築物內透出的昏黃燈光，以及散落在遼闊庭園的點點燈火為我們引路。推門走進建築物後懸空的心總算安定下來，近入口處的餐室熱熱鬧鬧，探頭進去時見有些人在廚房裡忙進忙出，一個小女孩窩在餐廳一角忙著為她的玩偶弄餐點，也有些人已圍在桌邊閒聊。東張西望之時，一個說話氣若游絲的年輕男生來為我們辦入住手續，引領我們坐火爐旁，解說著旅館的種種，又帶我們參觀共同使用的浴室、洗手間、二樓的自助咖啡室、冥想的空間，把房間鑰匙交給我們後，便掛著如晨霧般朦朧的笑容走回餐室去。

聽說 I ram karap te 的租客們，不少兼任旅館的員工，小女孩的年輕母親負責掌廚，剛才的男生除了接待之外，也帶領早上的冥想活動。一位把輕型貨車改裝成休旅車的女生，每天負責為旅館的住客做早餐。另外還有一位七十多歲的老工匠，建築物有任何需要修補的，都交在他手裡。那天我們與合租房屋的租客們，以及五、六位旅客圍著長桌，享用著大家準備的晚餐。飯菜都放在大盆子裡，大家為彼此傳菜的時間，也是交流的時間。咖哩飯、味噌湯、鰹魚蔬菜沙拉、炸地瓜、烤蔬菜、米糠漬……口味五湖四海，就像我們及其他旅客一樣，在那裡無端相聚。

記得那天晚上我們聽到好多故事與人生課題。有對教學感到懷疑的市立小學老師，也有年近三十，猶豫著要否依母親的安排，參加相親活動的女生。有出公差時順道旅遊的中年大叔，也有打算為前途奮進卻感有心無力的女孩。我帶著太多故事入睡，睡得不太安穩，翌日被輕紗般的晨曦弄醒，打開窗戶，晚秋寒如薄冰的空氣迎面襲來，眼下一片澄明的藍天與綠野，昨天被夜幕蓋過的風景此刻豁然開朗。

用過早餐，在十點前退了房間，於二樓泡咖啡時，遇到昨天沒參與晚餐的另一位租客Ｐ，閒聊間她談到一種叫「一五一會」的樂器，外型如小吉他，卻如烏克麗麗般只有四根弦，且只用一根手指就能按到和弦。剛巧早餐時，山崎大談起他們正在實驗以非水稻、全泥土的方式種米，而稻田就在附近，Ｐ便拿起「一五一會」，說可以帶我們去看稻田。

我們站在稻田的中央，稻草隨風輕搖，Ｐ撥動著和弦，唱了一首叫作彩虹的兒歌：「彩虹啊，彩虹高掛在天上，你啊，你也開朗了，明天定是好天氣，明天定是好天氣……」歌聲與弦音在兒子小小的腦袋迴盪過後，隨風掠過稻田與草原，散落在林間。回

家後，兒子不時要我唱那首兒歌。不知道我不熟練的吉他和弦，有否帶領他回到當天的稻田裡。

再次來到 I ram karap te 已是一年多後的盛夏，接待我們的仍是當天的男生，他如薄霧的笑容彷彿被太陽曬過，變得燦爛溫暖了。一如我們所料，我們並沒有遇到當天的旅客，只是未料到當時的租客不少也遷離了，亦不見P的蹤影。我想起那天在稻田裡，P笑說：「『一五一會』的日語發音，跟『一期一會』相同啊。」弦聲隨風而去，緣分也隨風而散。

早晨時，我們再次待在餐室裡，掌廚的年輕母親端出一盤粉紅色的西瓜，說是他們自己在田裡種的，不澀也不甜，大家都吃膩了，要我們幫忙多吃一點。我們便不作客氣，一口接一口，西瓜味道似有還無，我們卻莫名地吃得津津有味。那一個時刻，我們一同在那裡，吃著人們在那片土地上種出的那一個西瓜，分享著那淡如水的滋味。

此時我與兒子在超市休息區裡，嘴裡是西瓜濃郁的甜美，卻想念起粉紅西瓜的淡如無物來。那味道，我大概再也品嚐不到了。

土屋美惠子

拖著兒子的手，從奈良的平城站下車，沿著行車路繞往山上的住宅區，一輛日產的Rasheen迎面駛來，舊型號，明亮的米白色，一看便知道是土屋美惠子。車站與她的布藝工房才距離不足一公里，沒想到她會開車來迎接。隔著擋風玻璃，她漾出了耀目的笑容。這天的冬日暖陽，似乎特別溫暖。

我們家裡的三個面紙套，全是土屋小姐經營的土屋織物所的製品。素淨而厚重的布料，塞滿了內容時看來堅挺，內容被抽走時，便越來越扁塌。最終軟趴趴地伏在桌子上的面紙套，仍一派淡雅。那是好多年前買下的，布料經年月的消磨變得更柔軟，顯得格外沉穩。我以為沒有比這更美麗的面紙套了，想不到某天到三谷龍二家，遇到她近年製作的。設計相同，只是布料不同了——那個用的布料，是她以自家種的棉花、自家編的棉線織成的。我將之捧在手裡，不自覺地屏住了呼吸，感到土屋小姐經年累月堅定下來的意志都凝結在裡面。「美麗」這詞或令人凝神於表面，暫且不作多餘的形容好了。

土屋小姐把我們引進客飯廳，奉出茶，又為我那喊著肚子餓的兒子端出烤地瓜與點心，張羅一些能給他玩的東西，稍坐了片刻，便到廚房為我們準備午餐。忙進忙出，她仍是氣定神閒的。我喝著她做的熱湯，吃著混了花生的飯糰，全心全意地感受著食物的味美時，突然聽到她說，決定把土屋織物所的規模縮小。

印象中，土屋織物所的產品種類很多，面紙套以外，還有布袋、便當袋、杯墊、風呂敷、參加婚禮或葬禮時使用的數寄屋袋、懷紙袋……，都是小量生產的東西，全由人手工製作。除了來工房上班的正式員工外，也外包給在家作兼職的人們，布料的生產則交給專門的師傅。土屋小姐的經營頭腦常讓我讚歎不已，聽說她母親是營運旅館的，便自以為是地認為是來自她媽媽的遺傳。最近偶爾在 Gallery Yamahon 等藝廊，看到她以個人名義發表的作品，我以為織物所的經營已步入軌道，她多了點餘裕。沒想到，這天卻聽到她的決定，我一時不解。

「很多原因剛巧疊在一起。大約四、五年前，我得知替我織布的師傅將退休。雖然也能買現成的布料，製作相同的製品。但買布……我始終無法下手。」她說：「那段時間，我一直思考織物所及奈良木棉手紡會的事。我們只是很小的工房而已，但做太多事了，感到有點可惜。明明都是自己喜歡的事，卻因為工作量太大，沒時間好好細味。或許是時候把心思從擴張、生意、宣傳解放開來，做一些自己打從心底感到愉快的事，生產自己想用的東西，多花時間與之相處。」往後她打算只用自己工房手紡的布，讓生

產過程中每一個步驟都在眼下完成。產品種類可能會一樣，但產量會更少。「我不需要撫養家人，不用太擔心錢的事。」她說。

十多年前，土屋小姐與丈夫自名古屋遷到奈良市，她創辦了土屋織物所後不久，便成立了奈良木棉手紡會，與成員一同以自然農法種起棉花來，收成後大家一起編成線。她種的並非纖維細長、能造出富光澤看來高級的布料的洋棉，而是纖維短而粗的和棉。數年前我初次到訪土屋織物所，她帶我參觀她的棉花田，季節不對，田裡未見雪白的棉球。那天她說，在奈良種棉花的原因，是因為奈良曾是和棉的產地，她希望追本溯源，將和棉帶回到這片土地上。奈良在近畿地區之中，被普羅大眾視為只有東大寺與鹿的地區，忽略了其重大的歷史價值。土屋小姐心裡想，一件製品由原材料至生產，都來自自己居住的地方，若受到全國人認同，定會令本地人對自己腳下的土地改觀。

土屋小姐曾向我展示過一件用自家種植的和棉造成的襯衫，手編棉線織成的布料有點起伏不平，沒經漂染，質樸而動人。只是採棉、紡線再織成布，單是這些工程便得花數百小時，人力物力算一算，那件襯衫需定價在二十多萬日元，成不了商品。她明白棉花田不能種出利潤，但她希望能種出奈良人的驕傲。現在把布料應用在面紙套及其他製品上，價錢相對親民，她的盼望更易傳達開來，讓觸摸過的人都懂得奈良木棉的好。

作為外來者，土屋小姐不只汲取腳下土地的養分，而是積極地連結著其文化與歷史，並將這連結以手紡會的形式擴張開來，讓我敬佩不已。我想，對她來說，製作布工藝品定非只是謀生工具，當中傳達的也不只是人情與溫度，布工藝是她回應時代與社會的一種方法，是她發聲的方式，沉默而間接的。和棉製作出來的布料堅韌，久用了便柔軟，正好包裹著她心裡對社會及文化傳承的責任感。

用過午餐，土屋小姐帶著咖啡，領我們到棉花田。這幾年，她的棉花田擴大了不少，產量也增加了。「早兩天我辦了一個親子活動，讓小孩們來到田裡，與家長一起採棉花。所以你在田裡，能見到的棉花已不多了。」她說：「小孩一下子就厭倦，便任他們在旁邊玩耍。孩子在田裡很開心，我覺得這樣便足夠了。」

都會的小孩居於混凝土建的四方盒子裡，與電視和手機為伴，進出的場所大都充斥著囂鬧的電子音，腦袋過早被開發，神經被過度刺激，六感便好像不那麼敏銳了。採棉花只是一個契機，帶領孩子們來到自然環境裡，將身心全張開來。而我想，這活動還有兩個重大的意義，一個是讓他們看到衣物最開始的模樣，感受到物品的誕生非一揮而就。大型服飾連鎖店裡，掛在 LED 燈下琳琅的衣物，它們的前世或許是長在泥土上，受風吹日照和雨灑，經年經月才長成的。另一個意義是，孩子得以走進生產的現場裡，而在這現場之中，他們是快樂的。土屋小姐沒有小孩，但近年受到幼兒教育家川口正人的影響，她極為關注孩子的教育。日本江戶時代起，不少寺院設了教授孩子寫字、算術等的教室，稱為寺子屋。她也在計劃辦近似寺子屋的活動，不教授任何學術知識，單純讓孩子們在自然環境中解放自己。

「社會一直吹捧『消費』，但光把時間花在娛樂啊，吃好吃的東西……只有這些，我覺得不大好吧。」現代社會常把「享樂」交托給「消費」，但她相信創造、生產也是快樂的來源。這些，是在木棉手紡會裡，她親眼目睹過、體驗過的。「大部分參與手紡會的人，並非想以此為業，只視為興趣，他們純粹享受製造過程、生產的樂趣。看到大家很開心時，我感到很大的衝擊，對我來說，『生產』只是生活日常而已。在他們身上，我感到那才是製造物品時該有的樣子。」

在一次訪問中，她說到：「傳統的手工紡織，是無法進行大量生產和大量銷售的。從經濟角度來看，人們漸漸遠離這門手藝是可以理解的，但看著它慢慢消失還是令人惋惜。正因為是用身邊有限的材料來製作，才能激發出特別的力量與魅力，而且這項工作本身就是一種純粹而令人愉悅的過程。」她說自己力量很小，大概改變不了社會普遍觀念。

看著棉花田裡的土屋小姐，蹲在兒子旁邊，耐心地陪他玩除草遊戲，教他採棉花，掏出花裡的棉球放在他小手裡，我相信，她在棉花田與工房裡撒下的種子，定已化作棉絮，隨風飄揚擴散而去。

山野菜與山椒

前一天還見我們東谷山上小森林裡那棵楤樹完好無缺，翌日再來，便發現嫩芽已被折去了。我看著樹枝上參差不齊的傷痕，心裡雖然有恨，但祈求折楤樹嫩芽的是個擅長烹飪的老饕，才不辜負春季的惠澤。

楤芽是春季特有的山野菜，味帶苦澀，卻風味無窮。有一年，到住在一分鐘路程外的朋友家，離開前往她的庭園繞一圈，迴廊式的園子裡，種了各種各樣可吃的，像香草、辣椒、金桔、夏柑、青檸……大都是之前住在那裡的老婆婆種下來的。朋友停在一棵矮樹前，隨手便折下十數個嫩芽遞過來，我用手帕仔細將之包好，卻不知其為何物。「是楤芽啊。」朋友說。

那時我對山野菜所知不多，只在京都的料理亭吃過，大都做成炸天婦羅。我在家裡不做炸的——華人心態，炸物燥熱，用過的油也難處理，要吃就往店裡吃。接下楤芽時喜悅不已，同時也不知所措。反正這像野生又香氣獨特的東西，仿照羅勒醬，做成拌醬應該不錯吧。回家燒了開水，將它煮了，去除澀味，混入家裡找得到的果仁及橄欖油，開動攪拌機，十數秒後，就磨成醬料了。金森未吃過洋風的山野菜，感到新奇不已，讚不絕口，這方法就成為我處理山野菜常用的方法。

想來，我們家的楤樹是這兩年才長出來的，會否是風或鳥，從朋友家捎來了楤樹的種子呢？

楤樹是逕自到來的，至於蜂斗菜，則是我親手種下的。在兒子出生前，我經歷過一次流產；在肚子裡生存了二十一週的孩子，因為產道關不緊，差點滑出來了。在醫院臥床好幾天，那孩子仍然心急待不住，我就只好任由他離開母體。後來，那比男性手掌大一點的小孩，躺在鋪了冰墊的嬰兒床裡，與我相伴了數天。金森買來了美麗的絹布與絲線，我們為他造了小襪子、衣服與帽子，出院後，直接往火葬場去，讓火焰將他送往別的國度。一個月後身體康復過來，某天金森告訴我他訂了一百株蜂斗菜，希望我種在小森林的楓樹下。新種下來的植物最畏缺水，他囑我記得每天去澆水。

那該是早春的時候吧，風中的寒意未減，我每天開車往他的工房汲幾十公升的水，運到小森林去，餵養幼嫩的蜂斗菜。四月中，蜂斗菜便茂盛起來了，巴掌般大的綠葉隨風

搖，映照著頭上楓葉的新綠，美不勝收。生命驟然離去，而生命驟然長成。後來我才知道，這是金森替我安排的自然療法，以身體勞動來撫慰因幼小靈魂離開而失落的心靈。

那百株蜂斗菜落地生根後，便依著大自然的循環而作息，喝著雨水與朝露，吸收土壤裡昆蟲與微生物製造的營養，茁壯成長，無須我們多費心思。每年冬季蜂斗菜從地面上消失，強壯的生命在土裡靜修靜養，至冬季的寒意悄然退去時，花蕾便如同冬眠剛醒的小動物們般，給暖陽驚醒，揉著眼，自泥土中探出頭來。蜂斗菜也寫作「蕗」，而花蕾在日本則被喚作蕗薹。蕗薹跟大多數山野菜一樣，味苦，身體在冬季少活動，聽說那苦味叫身體甦醒過來，順便排去體內累積的壞東西。聽來不無道理，蕗的生命力如此豐盛，冬季裡藏著的力量，都投注在花蕾裡去。後來每年初春，我們都去採蕗薹，做成蕗薹醬或蕗薹味噌，任苦澀淨化我們。口裡甘苦五味雜陳時，總覺得，這是那輕輕走過一程的孩子，留給我們的紀念品。

電影《舌尖上的禪》（土を喰らう十二ヵ月）中，也有關於山野菜的情節。澤田研二飾演的勉在初春時登山，在山澗之中採收水芹。水芹連根拔，回到家裡用流水仔細清洗，他提到水芹及菠菜最味美的部位其實是根，只是清洗麻煩，人們為求方便，一刀切

掉扔掉，暴殄天物。只是要暴殄天物還需機會，超市買來的菠菜與水芹，根大多早被切掉了。當食物成了商品，或許就難逃如此的厄運吧。蘿蔔也如此，為了好運送，營養豐富又味美的蘿蔔葉，通常都會被剪去。

勉採摘山野菜或野菌時攀山涉水，那些山頭小徑或山溪小路，大概是他每年都會踏上的，但當他發現一如所料，水芹與滑菇如常生長時，仍難掩興奮。大自然無可掌控，不如田裡的菜蔬，山中的野菜及野菌，不為人而生，不為人而長，領受之時，心裡尤為感恩。

我的髮型師空小姐的祖父母，也是如勉一般的人物。她在白川鄉的山上一條只有三戶人家的小村落長大，祖父母常到山上採野菜野菌，小時不愛，也因為山上有熊出沒，從來沒有跟上。長大後，才懂得品嚐苦澀，祖父母卻早已過世，無人知曉野菜野菌的生長地。她跟我說起這段時懊悔不已。雖說現在初春時在超市裡總能找到山野菜，但若如勉般，沒入自然之中，感受過山野菜呼吸過的泥土氣息、曬照過的陽光與雨水，苦澀定更為甘美。

《舌尖上的禪》其中一個情節教我忍俊不禁。勉去探望亡妻的母親時，被留下來吃飯，丈母娘奉出一大盤自製的醃蘿蔔，要他通通吃掉，說自己不需要了。其後逕自打開桌上的小陶壺，夾出一小口，喜孜孜地說：「我有這個就夠了。」勉要求嚐一口，被她緊張兮兮地拒絕。電影中沒多提壺中的是何物，只說是山椒，看來是山椒葉的佃煮（以醬油、糖及味醂等作調味煮成的料理，味濃而黏稠）。丈母娘看似吝嗇，但我對她的緊張感同身受。蘿蔔通年生長，但山椒嫩葉卻只能在四、五月採收到。那小小一壺山椒葉佃煮是何等珍貴。

說起來，我們的小森林裡，也有數株山椒樹，其中一株大的，每年總是不負我們所望，長出滿滿的山椒。春季時，見山椒樹開花了，我便雀躍不已。京都不少高級料理亭都以山椒花入饌，做成山椒花火鍋。山椒花大把大把的川燙，奢侈得很。我按捺住自己的嘴饞，好不容易待至五、六月，山椒花結了果，時機成熟了，忙不及在肩上掛上竹籃，到山上採收，製成鹽漬山椒。

金森見我對山椒如此鍾愛，有一年，送了我五株朝倉山椒作生日禮物，種在家裡陽台上。春季時它們順利結果，摘一顆來嚐，我們卻覺得勁頭不夠，少了野生山椒的野性。朝倉山椒是人工的品種，不知是否為了方便採收，特別養成沒有刺的，味道也溫和。至於山上的野生山椒樹，枝椏上則長滿刺，防衛心重，味道也剛烈。我天生笨手笨腳，每年到山上採收山椒時，手臂手指總是給刺到，痛得我驚呼連連。但想到我正在奪取它的血脈，受一點痛，也是活該的。我會把山椒的野性與香氣，跟這份刺痛一同收在壺裡去，以鹽漬著，在未來的日子，好好細嚐。

山泉水

八月，日本政府發出了南海海槽地震的警報，我們反應慢了一天，想不到在鄰近的超級市場、藥房、家居中心、便利店，都已經找不到儲備用的瓶裝水了。聽說在鄰近的豐田市內一個叫小原的鄉郊地區，有著水質良好的山泉水，把心一橫，帶著二十公升的儲水箱，開一個小時車，往小原去。沒過幾天，警報退去，警戒心放鬆了點。而自那天起，到小原打水，成為了我們每週的活動。

「不要去打水！最討厭森林！我要把所有的樹都伐下來！」兒子近四歲了，自我意識茁壯成長，在他稚嫩的靈魂裡，似乎感受到「自己」的存在，而他小小的腦袋，則日漸讀懂了父母的世界觀與價值觀。對他來說，對抗的話語吐得越用力，他的「自我」便更結實吧。他這陣子常把自己的喜好掛在嘴邊：最喜歡塑膠、混凝土、嘈吵的摩托車、大都會，最討厭大自然。「大自然太美了，好噁心。」居然還說出這種彷如三島由紀夫筆下角色的話。

口裡說著討厭，但一到小原，他就樂了。名為吉田之名水的山泉，原本只是村人們親近的水源，早些年整修了，屋頂長滿青苔的涼亭下，山泉水沿著竹管淙淙傾瀉，撲打在石上嘩啦嘩啦，單聽聲音已涼快了炎炎夏日。兒子換上涼鞋，衝到山泉水前，伸出手掬水來喝，一口接一口，高聲嚷好涼好涼、好甜好甜，弄得全身濕透，笑逐顏開。

日本神道教有名為「禊」的宗教儀式，以河水或海水來淨化身體與精神，洗去自身的罪孽。數十年甚至數百年前自天上降下的雪與雨水，落在山林裡吸進土壤裡，長年累月在暗黑的地下竄流，如今終回到地面來，照見白日與暖陽，雖非如河海般澎湃與壯闊，但手一觸碰急湧的山泉水，我們似乎便感受到其淨化的力量。水擊掌心，自指縫間滑走，沖去身上與心上的塵埃，兒子不知由來的焦躁一掃而空。大自然裡的流水，無法掌控急緩，而在我們全心全意地接受時，彷彿也接收了家中的自來水無法比擬的力量。

電影《邪惡根本不存在》（悪は存在しない），花了長時間描寫主角巧打水的情景。故事的背景為一條名為水挽村的虛構村落，村中有著水質優良的山泉水，可說是村民以及動物們重要的命脈。以便利屋為業的巧，不時驅車往山上，替村中的烏龍麵店打水。打水的地點極不方便，車子停下來後，還得走上一段山徑才到達打水的小河。在積雪還

未完全溶化的河邊，巧蹲下，彎著腰，用舀子把水一瓢一瓢地緩緩注進儲水箱裡。後來開發商的職員高橋及黛到來，希望巧能擔任露營場地項目的顧問，巧與他們吃過烏龍麵後，便帶他們往小河打水。看到從來生活在大都會的黛，蹲在青苔與石頭上，專注地給儲水箱注滿河水，費力地提著沉重的儲水箱，踏著覆滿了枯葉枯枝的小路，歪著身子，走走停停，不禁思考，這對她來說究竟是怎樣的一個經驗呢？

《邪惡根本不存在》的取景地點主要為長野縣的富士見町及原村，當地不乏像小原那種整修好的，供人打水的地方，導演濱口竜介卻刻意選擇了如此原始的地點。打水的人與動物同樣，必須欠下身來，貼近大地，沾濕身上的毛髮或衣物，才能取得水源。平常只要打開水龍頭，飲用水便隨傳隨有的黛，在河邊聽著流水潺潺，感受過水的沉重，體會過為水而費時費力後，會否對自己與自然的關係，有了不一樣的感悟？

我想巧也不自覺地，期待著這打水的經驗，會稍微改變高橋及黛的觀念吧。然而，後來在車裡，高橋卻若無其事地說出，建立露營場後，若鹿怕人，不敢再走近牠們原來的棲息地，大可以去別的地方。縱然嘴裡說或許水挽村才是他最該留駐的地方，在心裡最根本之處，他始終認定萬物皆為人的附屬，水挽村療癒了他，他卻無意為與之共生而

退讓。在巧的認知裡，人的脈搏與自然的脈動相互呼應，提取了大地的資源，就得好好維持它原來的規律。兩人價值觀有著巨大的衝突，致使巧對高橋爆發了一發不可收拾的怒意。

當代文明的生活，到底如何影響著我們對自身存在的認知呢？記得十多年前，在京都留學時，我也常到京都御苑旁的梨木神社打水，回家用來煮咖啡，如今，雖說每星期往小原打日常的飲用水，但這些也只能說，是為尋常生活添一點風雅而已。

有說種田山頭火寫了上千首關於水的俳句，行乞的日子有一頓沒一頓，在他饑腸轆轆的時候，常以山泉水果腹。「ここまで来し水飲んでさる」，中文意思是「千里迢迢到來，喝口水便離去」，是我很喜歡的作品之一，自由、浪蕩又瀟灑。後來想想，或許情景並不如我想像中，彷彿迎著清風般的輕鬆，或許山頭火踏破了草鞋，在精力幾近乾涸之際，才覓得彷如天上甘露的山泉水。大概得如此不便，我們才不至於忘記，自己的生命其實一直都是托付給大自然的。

水滴

兒子不知從哪裡翻出了我多年前在沖繩買來的一個陶瓷器物，球狀，開了兩個小洞的。他每天洗澡時都帶進浴室玩。把水柱調到最幼細，從一個洞注進去，注滿了，水急速從另一個洞噴出來，像一隻亂噴火的小怪獸。他看著興奮得大呼小叫。

說起來，最初把它從沖繩帶回家時，我並不了解它為何物，只覺得外形可愛，放在玄關的櫃子上，插一根路邊採來的野草，點綴橙紅的晨光。多年後，才知道原來是書法用具水滴，磨墨時用來為硯台澆水。該是因為水一滴滴地下，所以被稱作水滴吧。我恍然大悟後，不禁失笑自己的孤陋寡聞，倒是學習茶道的朋友，戲言我誤打誤撞，實踐了茶道中「見立」的精神。

日語「見立」唸作 Mitate，有幾個意思，中文會譯成挑選、鑑定等的，不過在俳句、茶道或庭園等藝術世界之中，則有著「遺忘事物原來的形態，將之視為別的事物來看待」的意思。要說是「充當」也未嘗不可。但這「充當」的基礎是個人對美的準則，是精挑細選過後的「充當」。像現今茶道的始祖千利休，將古人當水壺使用的葫蘆來作花瓶、船隻出入口的木門當作茶室的門等，都是關於「見立」著名的軼事。

枯山水庭園可說是「見立」的匯聚，以砂紋為流水，以石作小島，以青苔作叢林，連庭園外遠方的山林都收為己用。至於日常生活中，大家最常接觸的「見立」，會否是「月見」？以鮮黃的蛋黃比喻八月十五的明月，明月夾在漢堡與麵包之間，又或於車站月台餐廳裡跟蘿蔔泥一起躺在蕎麥麵之上。取名為「月見」，似乎給匆匆忙忙的快餐速食，增加了不少詩意。

川端康成的名作《千羽鶴》中，主角菊治的父親的情人太田夫人，在跟菊治發生關係後，因承受不了對菊治的迷戀以及自身的罪惡感而自殺。菊治到太田家拜祭太田夫人，在客廳供奉著夫人的骨灰罈與照片前，發現其女兒文子以在茶會中用來盛清水的水罐充當花瓶，插上菊治前一天送來的白玫瑰和淺色康乃馨。菊治稱讚那水罐是很好的志野燒，文子回說：「母親也有時用它來插花。」

那一段很短，佔不了一頁，輕描淡寫的，表面平靜如湖，讀者卻很容易感受到湖下的波濤暗湧。菊治在太田夫人仍在世時，便自她身上領略到，白裡透著粉紅的志野燒，

有著一種女性的性感與溫柔。如今文子以母親珍愛的志野燒水罐盛著菊治送來的花，而這舉動，原是來自母親的品味。拜祭太田夫人時，菊治「腦中雖然沒有浮現夫人的肢體，猶如醉人香味的夫人的觸感，溫柔地包圍菊治而來。」一個水罐，或者說一個水罐的使用方式，滿溢了剛過世的太田夫人的情感，太田夫人彷彿形神俱在。

「見立」意指「遺忘事物原來的形態」，但所謂「原來的形態」究竟是甚麼呢？葫蘆在成為水壺之前，它是一個果實，曬乾後把種子都搖出來，內裡空了，可作為容器。船隻出入口的木門，是一片以木材拼合而成的扁平東西，它被用來分隔兩個空間。志野燒的水罐，就是一個圓筒形，不漏水的器皿。我們要遺忘的，或許不是事物原來的形態，而是知識或傳統之下，給我們對事物的定義。

日本心理學家河合隼雄在著作《民間故事的深層意義》（昔話の深層）中，提到畫家莫內的一句話：「若我生來就是一個盲人，某天我突然能看見了。如果我能在對眼前事物茫然無知下繪畫，那有多好呢？」莫內大概也感受到，日積月累的知識化作了鱗片，阻礙自己觀察眼前景物。他再坦然地剝出自己的內心來迎向世界，他對世界之所見與感受，都有著鱗片的殘影。

三月中旬，日本的天氣三寒四溫，傍晚時仍見日照，便知道春天來了。報章雜誌上的賞櫻資訊、多年來日本文學如太宰治的《葉櫻與魔笛》（葉桜と魔笛）、川端康成的《古都》等對櫻花的描述，又或是流行音樂寄於櫻花上的情感，都令我於每年初春，不自覺地期待著櫻花盛放，盼望心花隨櫻花開。若說春天的「形態」，便只聯想到粉紅的、洶湧而脆弱的櫻花海。然而，走在小巷與田野，見仍然光禿禿的樹下油油綠草，翠綠墨綠之上，灑著點點粉藍嫩紫與素白，才發現在櫻花盛開前，這些被統稱作雜草的小花，早已以我見猶憐的動人姿態，趕來通報春季到來的喜悅。

看著兒子把玩水滴時驚歎的神態，想到他總以素淨的全副心神來迎接世界。如果能早點借來孩子的澄明眼睛，大概就不會錯過櫻花以外的美好。

水滴

museum as it is

春天的腳步聲越來越踏實，我們策劃了一個美術館小旅行，其中最重要的一站，是位於千葉縣長生郡山上的 museum as it is。美術館的位置離最近的火車站約三十分鐘車程，想到坐新幹線換火車繞來繞去再轉計程車也麻煩，我們通常直接從名古屋開車過去，車程五個多小時。我們的老爺車年逾三十，在高速公路上顛簸，苦了車子也苦了我們自己，但 museum as it is 就是那種讓人一邊屁股痛，一邊期待著的美術館。

museum as it is 的前館長坂田和實，原是古物商人，店鋪設在東京目白區，名為古道具坂田，museum as it is 是他於一九九四年開設的。我初次到訪時的展覽主題為「磨擦、破片、斑痕、褪色」，展品全是他的個人收藏，當中包括非洲、歐洲、朝鮮王朝的工藝品、當代工藝家的作品，而在它們之間的，則是不知從哪裡扳下來的單薄鐵皮、破抹布、用舊了的 Hario 咖啡布濾網等，我們在尋常生活經常遇到，卻不曾為它們停留目光的東西。

這樣說來或許有點神怪，我站在那些本來隨時會被扔進垃圾筒的展品面前，竟為它們感到深深的喜悅。彷彿看到一隻被丟棄的老弱流浪狗，被誰人撿回來了，好好地愛著，原來無望的眼神也充滿了靈光，變得溫柔。因被愛而變得可愛，原來物件也如此。那次展覽的簡介這樣寫：「在世界中，新的、豪華的、完美的物品被視之為美。然而，也有人認為嚐盡甘苦，完成了任務，正在歇一口氣的古物們，有著打動人心的深刻美意。」

坂田和實是我跟金森，或該說是不少日本做工藝相關工作的人，無論是創作者或策展人，都很尊敬的前輩。在日本生活了十多年，到訪過不少工藝家的工房，見到一些有趣的擺設，不約而同都購自古道具坂田。例如一次在陶藝家鈴木隆的工房裡，他特意把掛在牆上的羊皮紙拿下來，反轉過來給我看，原來那是一封信。在古玩意的世界裡，羊皮紙也非罕見，稀罕的是這封信在坂田先生的店裡，展示的是其背面。風霜在羊皮紙上留下的痕跡，才是他感到有趣之處。坂田先生以超越尋常的視野，看到事物的趣味。

茶道與美學大家千利休在山茶碗，以及朝鮮的高麗茶碗等日常雜器中看到美，將之應用於茶會上。柳宗悅感到民間的無名工匠製作的器物與手工藝無比動人，發展出民藝運動，將之放進美術的框架裡。千利休及柳宗悅都突破了當時常人對美的判斷，勇敢地提出了自己的想法，並影響了後世。我覺得坂田和實是與他們一脈相承的，都是從經常被大眾忽視的、被嫌棄的物件之上，看見了光輝。這些光輝非關其歷史與文化背景，也與市場價值毫無關連，他逕自將那些光輝捧在手心，珍而重之地送到人們面前。

我跟坂田先生只有一面之緣。那年金森在松本市的 10cm 舉行個展，坂田先生大病初癒，在妻子敏子小姐的陪同下從東京來看金森的展覽。展覽首日的晚上，10cm 的主人——木工家三谷龍二為我們安排了聚餐。餐廳供餐速度很慢，從傍晚六時一直吃到凌晨十二時。我坐在餐桌最邊緣的位置，隱約聽到他跟三谷先生討論了不少古董買賣的事，全是我不懂的話題。

那時我已讀過他的著作《孤芳自賞的尺度》（ひとりよがりのものさし），當中記下了不少店中發生的有趣故事，其中一篇談到一位客人在他的店裡買了把梯子，在店裡時覺得魅力非凡，帶回家時，怎樣看都只像垃圾。某天我在金森的工房裡看到一塊老舊的

木板，隨手拿來放貓的食物盤，後來才知道那原來購自坂田先生的古道具店，本是做麻糬時用的道具。失敬失敬。

我一直很想跟坂田先生做個訪問，那晚席間卻一直不敢插話。談買賣、談生意，好

像是我潛意識裡忌諱的話題。後來反反覆覆讀了他寫的文章，也接觸過好些受他影響的古物商，才終於對他的世界有更深的領悟——我想同一把梯子、同一塊小木板，在其他二手店裡，大概會被放在角落，貼上數百日元的定價標籤，但坂田先生有著點石成金的能力，在他建立的空間裡，物件各自散發的微光映照著彼此，各自敲出的音符交織成和諧的樂章，人們於是看得到它們的美好。他毫不客氣地為這些破舊的東西標上數十倍的價錢，象徵了他認為物件應得的評價。人們購買的，不只是物件本身，還有坂田先生的審美觀與世界觀。

坂田先生後來再次中風入院，並於二〇二二年離世了。在他失去了肢體活動能力，但意識清醒時，museum as it is的展品仍是由他親自挑選的。聽敏子小姐說，坂田先生的藏品早被拍了照，做成清單。有口難言，他便用簡單的肢體語言在清單上指點，告訴敏子小姐哪個合適，哪個不合適，之後的展示工作則交給敏子小姐及兒子，在熱心的後輩們幫忙下完成。坂田先生生前最後一個展覽「神饌櫃的26種形態」（厨子26の形），金森便前往協助，在museum as it is中留宿，為展出的二十六個神饌櫃製作金屬掛架，好把它們掛在敏子小姐決定的位置上。

坂田先生離世後，中國杭州的天目里美術館，請來深受他影響的美術家青柳龍太，為他策劃了一個大型的藏品展。青柳龍太邀請了多位坂田先生的選物的收藏家，借來合計共四百多件藏品。偌大的展場裡，展品整齊地排列在多個展台上，椅子、壁櫥、雕像、土壺、扇子、瓦片……更多的是各種「看似是甚麼的東西」——看似是帽子的東西、看似是籃子的東西……還有很多不看似甚麼的東西、看了也毫無頭緒的東西。在坂田先生大量的選物面前，我不斷探問自己，眼前的物件與我被潛而默化的美學觀念如此不相干，此刻的感動是甚麼？又是甚麼觸動了我？

「你的價值觀，真的是你的價值觀嗎？」在一篇與展覽相關的文章中，青柳龍太如此寫道。我的價值觀與審美觀是怎樣拼組而成的呢？有多少是受旁人左右？有多少是強行把自己安放在某個身分角色裡時煉成的？四十多年人生裡各種人事堆堆疊疊，我實在很難理清了。這天，我再次站在museum as it is內，於那些坦然地佇立著的物品面前，有那麼一瞬，感到有一雙無形的手，將我輕輕拎到遠離自己的地方，讓我察覺到原來自己一直身處薄霧裡，被很多叫作社會化、叫作媒體或資訊的東西，甚至是來自自己體內，叫作自卑的東西，模糊了視野。

坂田先生離世後，曾有傳言說 museum as it is 將關閉，幸好暫時還是被保留下來。營運一家私人美術館非易事，能在這裡多待的每一刻，都是奢侈而珍貴的。

味噌湯

才從中國杭州回到日本，家裡還覆著自彼岸帶來的塵土，來不及打掃，又出發去九州，先到福岡，再往熊本、竹田、杵築，返回熊本前還繞了一趟別府。四天的行程，車程比安定下來的時間長，回到家那晚已時近凌晨十二時。翌日早上，把行李箱裡的髒衣服塞進洗衣機，我便往廚房煮起味噌湯來。每次旅行回家，我們都只想吃米飯與味噌湯，以紫菜和納豆作點綴，旅程中不管吃了多少人間美味，又或是因為行程倉促而只能在車上啃飯糰或麵包，回到家，身體很自然地渴望著日常吃的——混了雜穀的糙米飯、放了很多蔬菜，賣相不討好的味噌湯。

曾經在串流平台上看了一部叫《Hana的味噌湯》（はなちゃんの味噌汁）的電影，故事改編自真人真事。由廣末涼子主演的女主角安武千惠，結婚之前證實患上了乳癌，化療及抗癌藥物影響子宮機能，醫生原指她懷孕的機會極微，沒想到婚後兩年，他們便生了一名女兒，取名Hana。Hana出生九個月後，千惠癌症復發，這次她決定從調理身體入手，取自然療法，每天吃糙米和味噌湯，改善自體免疫力。在女兒四歲的時候，她開始教她做味噌湯，削柴魚片、煮高湯、切豆腐、做味噌，每一個步驟都做得仔細。千惠要小小的Hana負起責任，擔起每天做味噌湯的工作。「只要學會煮味噌湯，無論往後日子怎樣，定能活下去。」是千惠常掛在口邊的話。

看著Hana的小手捧著棒狀的柴魚於削刀上來來回回，不禁佩服千惠的用心。味噌湯是日本的日常飲食，要孩子把最尋常的、每天食用的仔細地完成，就是要她在基本處照顧好自己。最終千惠於Hana五歲的時候離開人世，味噌湯成為了Hana與母親無形的連結。現實裡的Hana在步入反叛期時，對父親不理不睬，對世間的大人們不信任，也曾經違背了跟母親定下每天做味噌湯的承諾。然而，從小便習慣性地親手經營的日常生活，已烙在她感官神經中的記憶裡，提醒著她得好好注重身體，好好過日子。

我家的味噌湯不如千惠的，做得很隨意。家裡的蔬菜隨意選幾種，多是蘿蔔、洋蔥、牛蒡、山藥、馬鈴薯等的根菜類，添一些金針菇、滑菇等的菌類，夏季時會放蕃茄、冬季時則加入小芋頭，菜與水煮成一鍋，煮開了放入高湯包，讓它翻滾五分鐘，把高湯包取出來。然後若食材還太硬便再多煮一會，煮軟了便關火，加入味噌便完成了。

兒子出生前，我會用昆布及柴魚片煮高湯，有時則是昆布與小魚乾，把高湯煮好，才放進食材。煮出來的味噌湯，美味、營養高、賣相好，篤信這樣才能成就美好的早晨。兒子出生後日子過得手忙腳亂，哺乳、洗尿布、哄睡、做家事，每天被繁瑣雜事填滿了。飯煮太硬，菜燒得太軟，為了哄孩子不得不吃冷掉的飯菜，或許是荷爾蒙的影響，好幾次我竟在飯桌前號哭起來。

那時為了學習育兒的種種，常在社交平台上搜尋資訊，剛巧那一陣子日本流行拍攝「某某某的日常生活流程」的影片，早上梳洗、烤土司喝咖啡、餵貓遛狗洗衣服……簡單來說就是生活流水帳。原只為作參考，怎知道多翻了幾條「媽媽與兩個月大嬰兒的日常生活流程」之類的影片，徒給心裡造成創傷——看到同樣忙於照顧孩子的片中人把生活打點得井井有條，而且妝容亮麗，居室一塵不染，家居服上甚至沒有半個毛球……對照每天蓬頭垢面的自己，更感自慚形穢。明知孩子剛出生，手足無措也是正常不過，而影片又是特意拍攝、經過剪輯的，但看到影片中人輕鬆自在的生活，不免懷疑是否自己不夠努力，時間管理能力不足，才無法好好應付。網路媒體很容易令人有錯覺，生活「應該」是某個樣子的，回過神來，才發現自己被這些「應該」壓得難以喘息。

直到讀到料理家土井善晴的《一湯一菜的生活美學》（一汁一菜でよいという提案），頭上的烏雲才被緩緩撥開。「一汁一菜」緣自鎌倉時代（十二世紀末），汁是味噌湯，菜是菜餚，是當時禪僧們主張的質樸節儉的飲食方式，後來流傳後世成為日本日常飲食習慣的主流。只是經過海外文化的衝擊，以及戰後經濟起飛等原因，彷彿每頓一湯一主菜再加兩、三道小菜，才是恰當的。社群媒體盛行的時代裡，每個人都有了「人設」，放在社群媒體的日常飯餐，盡是精緻的飯菜，細選過的食具，好像生活本應如此。

土井善晴發現現今世代，家裡負責掌廚的人面對前所未有的心理壓力，原本做飯只為滿足自己與家人，現在卻似乎成了每天巨大的考題，以他們於社群媒體吸收到的，作為合格與否的標準。他提出了一汁一菜的日常生活飲食方案的時候，引用了日本自古以來的生活文化「晴與褻」。晴是指特別的日子，而褻則是尋常的生活。「晴」的日子刻意裝扮，大費周張準備盛宴，而「褻」的日子裡，則尋常生活尋常過。日常飯菜，只要做一個有豐富蔬菜的味噌湯，再加一個小菜便可，待節日或特別日子才費心思張羅。也不需要太過苦心研究味噌湯的內容，冰箱裡有甚麼蔬菜，洗了切了一碗，再加一碗水就能煮成湯。那天的湯是那天獨特的味道，也算是難能可貴的一期一會——褻不為顯晴的美好而存在，褻自有褻的樂趣。

記得很多年前到高知縣訪問陶藝家小野哲平的太太早川由美，由美小姐把生活當成志業，種菜、炒茶、造衣服，家人與哲平先生及她的弟子們，每天吃的味噌，也是出自她的手。哲平先生說，兩夫婦出國時，行李裡總帶著由美小姐自製的味噌與紅茶。那時我聽著，只覺得他們戀家，現在才明白那不只是心靈所需，還是身體的訴求。脫離了日常的飲食，幾天下來頓感渾身不自在。外面的新奇有趣或能使我們暫時脫離雜務帶來的煩心，但能療癒我們身心的，定是那些看似恆常不變的日常。

每年二月，我都會做三公斤的味噌。把大豆煮軟，混入海鹽與米麴，揉搓成泥，封存起來，很基本的做法。聽說因為發酵環境不同，即使相同的原材料，做出來的味噌的味道也大不相同，我們家的味噌，有著我們家獨特的鮮美。我想，以我粗心大意的個性，定無法把日子過得如千惠般用心吧。我每天做的味噌湯，蘿蔔牛蒡切得歪歪斜斜，材料泛濫，大概一直都會是如此老粗的模樣。但希望這屬於我們家的味噌，做出來的味噌湯，能成為家人日常生活的錨，在波濤起伏的日子裡，有著平平無奇的生活日常，安定我們身心。

電器

我們跟電鍋道別了。

週一的早上，出門吃早餐時，順便把它帶到市役所的小電器回收箱。那個我從香港移居到日本後，陪伴著我由大阪遷到京都，再來到名古屋的小伙伴，現在與一群陌生的熱水壺、吹風機，一同躺在回收箱裡。電鍋身上雖然有點泛黃，但比起箱裡其他的小電器，看來還算光潔。我有種棄養了一頭小狗般的內疚。

電鍋在去年已被收進櫃裡，年末大掃除時，才下定決心將之送走。它性能其實仍良好，只是內鍋的氟塗層損耗了。想到即使換個新的內鍋，數年後又得棄舊換新，不想浪費，反正平常早飯都用土鍋煮的，晚飯為方便才用上電鍋，把心一橫，連晚飯也改用土鍋了。

道別了電鍋，家裡的家庭電器只剩下電燈、空調、冰箱、吹風機、烤箱、洗衣機、唱機、攪拌機。日本一般家庭多備有的電視機、微波爐、吸塵機、加濕器、空氣清新機、電熱水壺、章魚燒機、鐵板燒電鍋、電地毯、暖桌、電毛毯，又或是盛行一時的麵包機，不是跟我們毫無緣分，就是在生活的演進裡逐一遠離。說實在，這樣的生活是有點不方便的。沒微波爐，加熱食物時得用蒸的。沒有電鍋的保溫功能，有時不免得吃冷飯。缺電毛毯，冬季鑽進被窩前，得先準備一個溫水袋，把冰冷的被子溫起來……我們不是為了省電，也非因為嚮往哪種生活方式，只是日子走下來，就演變成如此。

幾年前，在報章上讀到日本記者稻垣惠美子的事。頂著一頭蓬鬆天然卷髮的她，在二〇一一年的三一一東北地震以後，毅然送走家中大部分電器。地震以後，她對於核能發電有著莫大的疑問。她感到若自己一方面反對核能發電，另一方面卻在享受著電力帶來的便利，非常矛盾又狡猾。無法改變國家的政策，至少可以由個人做起。她採用的方法很直接，但聽在任何都市人耳中，定會感到很匪夷所思——她決定棄用電力。家中沒電器，就不會用到電。她先把電視機和微波爐送走，後來跟洗衣機、冰箱等一一說再見。最後，家中需要用到電力的，就只有電燈、收音機、電腦與手機。冬夏兩個用電量高峰的季節，獨居者的平均電費約六千五百日元，稻垣惠美子卻只需一百五十日元。

電視節目《情熱大陸》曾採訪過稻垣惠美子，記者在入夜後走進她的家，見她在幽暗的房間之中行動自如，黑暗無礙她處理日常生活雜務，還為自己準備了米飯與味噌湯

作晚餐。她在著作《寂寞生活》（寂しい生活）之中，仔細地談及她棄用電力的種種，其中一段提到黑暗。

她說以往進入家門後，很自然便會伸手點亮玄關的電燈，現在則在玄關中安靜的站著，待眼睛慢慢適應。我想像著她自街上的華燈璀璨褪出，包裹在家中寧謐的黑暗裡，家裡熟悉的景象在眼前緩緩地浮現，那該是怎樣一個讓自己回歸至自己的莊重儀式。

稻垣惠美子在書中提到，棄用電力後令她對人生有了不同的看法。以往以「擁有」為「豐盛」，但在她把自己推至幾近「家徒四壁」時，同時發現自己的物慾也消滅了。沒有冰箱以後，她不再渴望把超級市場裡所有看來好吃、自己有天會吃的東西統統帶回家，她只買當天的食材。沒有空調之後，她不再因為身體的冷熱而感到煩躁，迫不及待地調節室溫。她放開胸懷迎接天氣的變化，陽光猛烈皮膚會刺痛，冷風會吹入骨，本應如此。她發現自己對自然的微小變化變得敏感，炎夏裡，在京都一所寺廟之內，身旁的路人都搖著扇喊熱時，她的皮膚感知到空氣流動掀起的微風。

所謂的「便利」，大概可以理解為減省了繁瑣過程，直達至目的，但同時也減少了不少樂趣。京都先端科學大學教授川上浩司，多年來研究在講求自動化與高效率的現代社會裡，有甚麼事反而是因「不便」而帶來「益處」的。他創造了「不便益」一辭，來形容這些事物。例如費氣力徒步登上富士山頂看到的景色，定比乘搭電梯上去更震動人心（當然，沒有直登富士山頂的電梯）。

朋友M也跟我提過相近的經驗，她居於愛知縣豐田市一個叫松平的地區，天再冷家裡也不開暖氣，而用柴火爐，夏季時得往山裡抬倒下的樹，秋季時需劈柴備薪。冬季的寒夜裡，一室被火燒得熱烘烘，有時薪火燒盡了，她不得不冒著寒氣走到室外取柴薪。冬天的夜空特別澄明，好多次，她都被頭上的繁星所撼動，天大地大，而她也是繁星一點。因為鄉下地區，夜裡常有野獸出沒，她平常夜晚大都留在室內，取柴薪令她難得在夜裡外出，與星空打照面。M感到，「不便」豐盛了她的生活。

多年前到訪京都的西芳寺，當時要預約，必須寄往復明信片，現在已能夠在網上進行了。網路方便，不過西芳寺仍保留明信片的預約方法，且以此方法預約，參拜費用會便宜一千日元。關於這政策，西芳寺在網站上提到不便益：「不便是否壞事呢？這數十年間，所有事情都變得簡單快捷了。照道理，人們應該多了時間才對，但不可思議地時間沒多出來，反而有每天都被追趕著往前衝、被逼迫的感覺。西芳寺認為，有時跟便利及效率保持一點距離，費點時間與功夫不是挺好的嗎？」記得我寫明信片時苦苦思量，填上三個希望參拜的日子，等待回覆之時的戰戰兢兢，生怕三個希望都落空的不安，至後來收到回信時的喜悅。這些經驗，著實是網上預約的便利無法取代的。

最近才想起，小時候居於偏遠的市鎮，到城裡去動輒三、四十分鐘車程，往喜愛的劇場或電影院，來回需兩個多小時，但那時天涯海角都心甘情願地去。後來搬到市中心來，活動範圍倒狹窄了，渡輪五分鐘便能橫越的大海，幾乎成了生活圈的邊境。若無其事地任自己困在繁華的小島上，以為應有盡有，卻也錯失很多。現在想來，小時候內心的餘裕，都是在不便的生活中練成的。

天空

這天兒子彷彿討厭盡世上萬物，卻仍於午後邀我一起躺在和室的榻榻米上，頭靠著摺好的被褥，看窗簾及陽台的天花板後的一塊天空。天空如粉藍絹豆腐，幾抹輕薄的白雲是芝麻醬。我說天空真美，他現出這天難得的笑意，眼睛水靈，眉頭與腮邊總算柔軟了。

早上他因一些小事大吵大鬧，我的情緒也衝到頂峰，嘴巴長出魔鬼，一不留神，向他丟出一句說不得的話，回過神來，已見他滿身是刺。此時，他總算把半個身子埋在我胸口，讓我輕撫著他的背，把他的刺撫成絨毛。「空を見てよかった」，我腦中飄過藝術家內藤禮的隨筆文集名稱，中文意思是：看了天空，真好。

至今我仍記得由香港初到京都時，是如何為天空心動。從學校宿舍繞小巷走往鴨川的路上，天空就在前方而非頭上——原來不用抬頭也能看到天空，而且不是幾何形的。平淡的留學生活的樂趣之一，是下課後到學校天台看天。秋季的天空尤其繽紛，黃昏時有時高處是豔麗的紫，貼近樓房處化為橘子色，濃烈卻溫柔，是只有大自然才能調出的色彩。那時覺得天空遼闊心也寬，只是未想到，後來我也會被剪裁過的天空感動。

好多年前我首次去瀨戶內海參觀豐島美術館，那是我第一次看內藤禮的作品。在西澤立衛設計的建築裡，有如置身素白的有機異域，又像是在溫柔的母體之內。被剪裁成橢圓形的天窗透進了光，同時透進了天空。懸在空中的細線輕搖，風得以被看見。地上不斷聚集、滑行、掉落在孔洞裡的，是豐島的天然地下水，它們自大地滲進，同時又回歸大地。內藤禮把豐島自古以來豐盛的天然資源，以單純而婉約的方式展現出來。我們在天空之下，在風中，而水在我們腳下流動，如此理所當然。理所當然所以常被遺忘。

多年後再次到訪時，站在館內，我再次感到大自然種種細微的動靜如此動人心弦。記得那天陰霾厚重，天窗透進一塊灰濛濛的天，彷彿甚麼也沒有，又彷彿蘊藏了許多甚麼。離開美術館，那一小片天空頓成巨大的布幕。我沒有立時搭上公車，而沿著公路往山下走，天空在遠處與海相連，與田野相連，與櫛次鱗比的平房相連。在更遠的，肉眼不及的地方，它又與甚麼連接著呢？

日語的天空通常只寫作「空」，唸作 Sora，而「宇宙」，也可唸作 Sora。在我頭上透著柔光的空無以外，是巨大且無垠的黑暗。想到這裡，我才意識到天空不連接著甚麼，

而是一直在我們之上，繞過了地球一圈，將我們包圍。我們腳踏實地，同時懸浮在宇宙之中。至今我仍無法說清當時的感動，只覺得離開豐島美術館再次走在天空之下時，我似乎對自身的存在有了不同的感受。

關於天空的藝術創作，還有另一個烙在我的記憶中，而比起內藤禮的豐島美術館，它的規模就小太多了。它只是一張小小的明信片，中央剪裁了直徑約一・五公分的小洞，旁邊印著細小的文字「A Hole to See the Sky Through Yoko Ono ’71」，是小野洋子的作品。多年前，我在紐約參觀她的展覽時拿到的。離開展場走在車水馬龍的市街，把明信片放在眼前，抬頭透過小洞看天，原本遼闊無垠的天空被裁成一個圓，天空下的高樓被擋在明信片之後，我專注地看著被框在小洞裡的雲朵一角，見雲朵緩緩飄過，才驚覺撫摸著皮膚的輕風。小野洋子十分相信「想像」的力量（約翰．藍儂的名曲〈想像〉〔Imagine〕的靈感就是來自小野洋子），不少作品都是在觀者腦中完成的，她只給予一些規則與建議，讓觀者以別種方式經驗日常生活中的理所當然。

「飯のうまさが青い青い空」，種田山頭火的俳句，意思是「飯香如藍天」，精準而優美地描述了食物的味美。果腹後的飽足感，與眺望天空時的心靈滿足並列，讓我不禁想，或許對天空的渴望與對食物的慾望都是人類的本能。

在日本生活日久，所有新鮮的都演變得平平無奇，每天為各種芝麻綠豆忙得天旋地轉，我已好久沒仔細看過天空。此刻和兒子一起躺在被鋪上看天，心中的晦暗早煙消雲散。天空，這安穩我們內心的藥帖如此隨手可得。大自然實在待我們不薄，公平地給予我們一片天。

坂田敏子

梅雨季難得放晴天，趕緊把堆積如山的衣服交托給洗衣機。傍晚，陽光如蜜糖淌下的時刻，心裡的濕氣跟衣服同時被太陽沒收，從陽台把泛著金光的溫暖衣服抱進屋，我邊聽著李歐納・柯恩（Leonard Cohen）邊喜孜孜地折著衣服時，發現金森一件深綠色棉T恤破了兩個小洞……或者說，又破了兩個小洞。

這件衣服傷痕累累，肩膀上的洞是貓造的。貓戀著他，伏在他肩上，身子軟趴趴，爪子卻硬邦邦。背部那幾個又是怎樣惹來的呢？是衣櫃裡的蟲子？還是他在庭園做粗活時不小心被樹枝勾到？至於新發現的兩個，成因也是不得而知。

衣服破洞如此，我們卻捨不得丟。有些物件放在眼前，就只看到眼前的物件，有些則會讓你看到一些臉孔、一些風景及故事。物件壞了，那些臉孔、風景與故事仍然完好。而每次拈起這件深綠棉T恤，我耳畔總是響起坂田敏子輕柔而帶點稚氣的笑聲。

敏子小姐是服飾品牌 mon Sakata 的創辦人與設計師，也是我們很敬重的古董藏家及museum as it is創辦人坂田和實的妻子。金森春夏秋季時，幾乎只穿她製作的T恤，而我冬季時有一件特別日子才穿的藍色羊毛小外套，也是她的出品。平常作為襯裡的衣物，亦是她設計的，不管是長袖或背心，製作方式會使它們的衣角捲起來，穿在身上時，覺得自己也如它們，活潑而生動。

我首次跟敏子小姐見面是在長野縣的松本，那時她年約七十，穿著簡單帥氣，緊伴在大病初癒的坂田先生身旁。後來，我們在山上的廢墟舉辦古道具展，她剛巧在附近的百草藝術舉行衣服展銷。白天時她得待在百草之中，至入黑了，才乘著陶藝家安藤雅信的車匆匆趕來。廢墟沒接通電力，室內漆黑一片，一行人各自執著電話，借電筒的光觀看展品。大家都表現雀躍，像一群正在探險的小孩子。

還有一次是在東京，於坂田先生的古物店「古道具坂田」的原址，那時坂田先生因病不得不長期住在療養院，我為了多了解museum as it is的運作而去找她。那天她穿著一件大紅的針織上衣，有點羞澀地跟我說，上了年紀才敢穿上如此搶眼的衣服，卻自覺太引人注目，便在大紅上衣上，套了件白色的圍裙。配上她銀白色的短髮，我覺得好看極了，心想上了年紀，戰戰兢兢地開放自己，也是個迎接年歲的好方法。

mon Sakata 是敏子小姐於一九七七年，她三十歲時創立的品牌，那時坂田先生於東京目白區開設了古道具坂田。在坂田先生往世界各地採購古物時，她負責顧店。後來孩子出生，她找不到喜歡的小孩衣服，便決定自己做。借了古道具坂田的一角，售賣自己設計的兒童服。回過神來，她已走上自己其實一無所知的服裝設計道路。

「我沒學過服裝設計，也對衣服的製作毫無認識，不會用縫紉機，不會畫紙樣，甚至連畫也畫不好啊。」談到此，敏子小姐忍俊不禁。「每次設計，總得想方設法跟紙樣師溝通，再交由裁縫製作，邊犯錯邊前進。」由衷想做的事，總會找到排除萬難的方法。當天她摸著石頭過河，沒想到道路越走越遠越遼闊，從童裝到成人的服飾，而原本只佔裡街古道具店一隅的小店，因為客人多帶著小孩到來，似乎礙著古道具店的經營，她毅然走到了大街上開設專門店。

順流而行，看似順利，心裡卻有起伏。museum as it is 在一九九四年開幕，在籌備之時，敏子小姐曾想過為幫忙丈夫的私人美術館而暫停經營自己的品牌。「剛巧那時我正對品牌的方向感迷惘。那時品牌以手染布料等作為特長，但要走下去，好像仍欠了點甚麼。湊巧那時我學習了能個人操作的編織機，開始生產只有我們能造出的針織衣物。」那段期間，她受到工藝藝廊邀請，以展覽的形式售賣服飾，她感到一條新的路徑在眼前展開，而且沿途認識很多相交相知，沒有不走下去的道理。現時，mon Sakata 每年都在日本各地的藝廊辦展，如伊賀的 Gallery Yamahon、多治見的百草等。

敏子小姐今年已七十七歲了，品牌經營四十多年，一直都是少量生產，其實靠基本商品也能維持，她卻堅持每年推出兩季新裝。「只有基本商品的話，是很寂寞的。若沒有想造的新作，很寂寞呢。」她至今看到美麗的布料時，仍會心動，想像它可以成為的模樣。聽她這樣說，我忽然想，一個人老與不老，界線或在於是否仍有為新事物雀躍的心境，跟他／她的年齡毫無關係。

敏子小姐生於二戰後不久，當時衣服仍不如現今般商品化，她身上穿著的全出自母親的手。每年學校遠足，或是回母親的老家探外婆，母親都會親手為她造新衣服。衣服的樣式任她選，色彩卻刻意與流行背道。在她的童年回憶裡，自己身上的顏色總獨立於身邊的小朋友們。她遺傳不了母親的一雙巧手，但跟母親有著近似的執著，敏子小姐設計的衣物，也是非關流行的。

敏子小姐對衣服有著獨特的審美觀。不同色彩與材質的布料拼湊而成的針織上衣、單薄得能透出內層衣服的T恤、不工整的領口、過長的衣袖……mon Sakata 的衣服是獨立的個體，也可以是重重疊疊，成就彼此的。

作家及日本工藝學者土田真紀，在文章〈服裝與味噌的關係〉（服と味噌の関係）中談到，與其說 mon Sakata 的衣服是設計出來的「服裝」，倒不如說是敏子小姐日常生活中的延伸。在敏子小姐設計的衣物中，能深深感受到在世間種種規限之中，尋找縫隙任自己自由跳躍的處世態度。衣服裡有玩味、有詩意。她的衣服會讓人感到物料的特質與美好，不一定是堅固耐用的，有時是脆弱的，而不知怎地，連脆弱與變形也教人喜愛。就像一隻茶碗的缺口、釉藥中滲進的茶漬，衣服的變形與破洞，印證了其生命歷程。

二〇〇九年，敏子小姐在 museum as it is 中，舉行個人藏品展「編織・連結：線的繞道」（編む・つなぐ：糸のヨリミチ），展品中包括她數十年來製作衣服時剩下來的大量碎布片。她將一種混有銅線的碎布撕成細布條，再編成繩子，配上麻線做成的圓片，在一面高牆上拼組成星座。在展覽的紀念特刊中，她提到：「我常覺得，mon Sakata 基本商品的T恤上破了的小洞，看起來很像星座。」

一般大衣的襯裡布料都不外露，這年冬季，敏子小姐設計了一件大衣，把襯裡延長了，讓它保有原來的角色之餘，也擔任大衣的衣領。纖長的大衣，輕盈的衣領，柔美又帥氣。設計衣服外，她也是一位收藏家，收藏了不少年輕創作者的作品，大都是驟眼看來不知為何物的，金森一個在金屬網上塗上泥土的作品，便被她陳設在 museum as it is 內。我隱約感到，她看待衣物的老化、做新設計的意念，與她選物時的眼光是貫徹的，都是無視常規，專心致志地投放在事物本質之上。

我把金森的T恤從衣架上取下來，細看著那兩個新來的小洞，猶豫著要用哪種顏色的細線將之縫補起來。到哪一天，它定會變得更傷痕累累吧，到時候，我會只看到它的殘破嗎？還是也能看得出繁星點點？

後記：

坂田和實過世後，中國杭州的天目里美術館，為了紀念他，舉辦了一個名為「古道具坂田：你我的選擇」（古道具坂田：僕たちの選択）的大型展覽。我們借出了幾件展品，包括六張琉球榻榻米——沒包布邊，內芯是七島藺，而非如今普遍的合板。它們原本鋪在古道具坂田內，坂田先生顧店時，總是坐在那裡迎接客人。在他身體狀況最壞的時候，古道具坂田不得已地停業了。後來敏子小姐決定裝修店鋪，作為可短居的住所，好迎接長住在療養院的坂田先生回家居住。為了替敏子小姐節省裝修費用，金森去幫忙清拆原來的內裝。那六張榻榻米便是敏子小姐送他留念的。

我們趕在展覽完結前來到杭州，正好遇上同赴觀展的敏子小姐。主辦方為來訪的日本客人辦了場晚餐聚會，我們有幸受邀出席。那天晚上，敏子小姐從手袋裡掏出坂田先生的照片，她以此方式，讓於天國的坂田先生同行。說時難掩寂寞，但談到來杭州的種種困難，她便笑得一臉爛漫。記得那天她穿著黑色的連身長裙，裂口處露出了白色的襯裡，我聽她說話時一時分心，沒頭沒腦地說了句：「真好看啊。」現在想來，實在失禮。

這篇文章原刊登在《新活水》的線上專欄中，撰寫文章那段時間，我不時想到年老的事，至今仍然。因為想在書中刊載敏子小姐的照片，我跑了一趟東京，她讓我到她家。由於古道具坂田所在的樓房將清拆，她不得不把店內的大大小小東西都堆在家裡。要收拾整齊，相信得費上十年八載。待在家中一角的一張老木桌，原本放在 museum as it is 的咖啡廳中，現時是她吃早餐的角落，也是家裡唯一讓她安心入鏡的地方。她坐在那裡讓我拍了照後，我們便坐下來天南地北。談她大學時畢業後的種種、她喜歡的年輕創作者、談夫妻間的相處。

在敏子小姐家裡，吃著她準備了的水果點心時，我問她，有沒有意識到自己的年紀，她說她從來沒有忘記過。「身邊的人一個個地走，一個個地病，就會想到自己的年紀啊。」這樣說時，她還是一貫的淡然。或許因為她表現從容，讓我每次與她相處時，總感到不管到哪個年紀，即使哪個年紀裡會有哪些無可奈何，都是值得期待的。最近常聽到「優雅地老去」的說法，但我想，還有很多美好的長歲數的方式。譬如說：滿心好奇地老去、活潑地老去、像詩一樣地老去、腳踏雲霧般地老去……

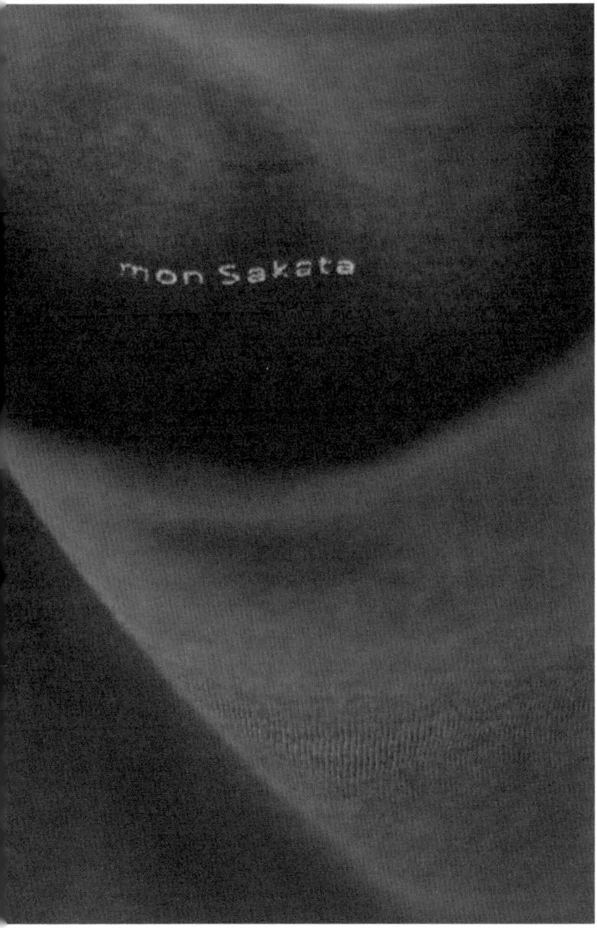
mon Sakata

漬物

一打開琺瑯盒子，心頭一冷，米糠床已滲出水來，表面還有點泛白，垂頭喪氣的，都怪我冷落它好一段日子。趕緊把泛白的米糠掬走，倒去滲出來的水，米糠床還是軟如泥漿。把一個滿是孔洞的瓷器小杯塞進米糠床去，我想明天吧，待米糠床裡的水滲進小杯裡，把它倒掉，再添點新的米糠，米糠床便會恢復活力了。

聽說米糠漬上的乳酸菌能抵過胃酸，到達腸臟，我沒有深究過自己的腸胃有否被拯救過，但忙亂的早晨，我常感到它拯救了我的生活。被米糠醃過的蔬菜，洗一洗，切一切就成為一道配菜，不用開火也不用調味。腦裡稿件的死線、金森的各種文書工作、兒子的瑣事等雜七雜八不斷亂轉，我沖洗著蔬菜上沾著的米糠，不禁感激前天晚上，做晚餐時隨手多洗了蔬菜、塞進米糠床裡的自己。

米糠漬做法簡單，不能生吃的菜先以開水燙過，能生吃的則直接埋進米糠床裡，餘下的工夫，就交給時間與微生物。工序輕易到朋友把它交給五歲大的兒子，作為他日常任務。小手在濕答答的米糠床裡翻啊掘啊，像在尋寶，聽朋友說小孩視之為工作也視之為遊戲，樂在其中。我以為孩子愛沙泥，便會愛做米糠漬，想不到自家的四歲兒，手一碰到米糠就大呼小叫：「手髒髒，噁心！」邊嚷邊把手往肚皮擦，衣服長出了地圖，我啼笑皆非。看來米糠漬不能成為他的料理啟蒙了。

做米糠漬簡單，但做米糠床卻甚為費神。米糠床是以米糠、鹽及水發酵而成的，除了這些材料外，也可以加入昆布、小魚乾、乾燥香菇、山椒等來增加風味。在發酵成功前，必須連續十多二十天，每天翻它兩次，翻過後還得注意把米糠壓得堅實，以免乳酸菌接觸到大量的空氣。這幾年日本吹起了發酵食品的風潮，在超級市場甚至無印良品，都能找到已經發酵好的米糠床，回家後只要倒在合適的容器之中，就能開始做米糠漬，我使用的也是這種米糠床。

米糠床是需要「管理」的，每天埋進蔬菜，順便給它「翻天覆地」地翻動一次，水分多了便添上乾燥的米糠，味道淡了便放點鹽。我家的米糠床長年放在冰箱裡，夏季時每天早上都是米糠漬作為早飯的配菜，冬季天冷時，身體不再渴望涼菜了，做米糠漬不再是每天的日常作業。即使如此，為了米糠床的健康，每天仍需翻動它。作業如此輕易，

反而忘記了。

任何沒有太多雜味的季節性蔬菜都可以做成米糠漬。早春時，花椰菜登場了，把一半切成小塊，塞進米糠床裡。夏季時，小森林的茗荷冒出頭來，採了幾個洗去泥土，塞進米糠床裡。秋季時柿子樹結滿了果，摘下一個削了皮，稍微風乾後，塞進米糠床裡。冬季時種田的親戚總送來巨型的大白菜，給它曬去水分後，也塞進米糠床裡。米糠的風味滲進蔬菜中去，蔬菜也回饋米糠床自己的甜美。季節就是如此一點一點裡流滲在米糠床裡，把米糠床養成獨一無二的味道，一種只屬於養育它的家庭的味道。

日劇《凪的新生活》（凪のお暇）其中一段情節非常動人。由黑木華飾演的凪，在跟由高橋一生飾演的慎二分手時，不小心把傳承自外婆的米糠床遺留在慎二家。凪到慎二家取回時，慎二終於坦承自己對凪的愛與珍惜。之後凪回到自己將被清拆的老公寓中，在陽台上以自製的米糠漬下酒時，發現於鄰人家裡借宿的慎二也在陽台上。咬了一口凪端過來的米糠漬，慎二驚為天人，凪也喜上眉梢，卻顯然不覺自己的廚藝被稱讚，被稱讚的是經月累月、由外婆的手傳到她手上的米糠床。兩人隔著分隔兩家陽台的單薄木板聊天，一向在凪面前逞強的慎二，在陽台上首次剖開心來，表示因為對凪的不了解而感到遺憾，也向她坦言自己家庭狀況的尷尬面。兩人細嚼著凪養育的米糠床發酵而成的米糠漬，有著象徵了日常生活最粗糙與簡樸的部分，如果慎二追求這味道，除了在凪身上，無論他怎樣千迴百轉也定遍尋不獲。

種田山頭火在一九三一年發表了才三百字的短文《漬物之味》（漬物の味），當時他四十九歲，自言是早幾年才真正理解漬物的美與味。各種蔬菜的色澤，展現出來的活潑或溫吞的情緒，當然香氣和味道也重要。他說比起濃厚的酒粕漬，他更愛只用鹽做的清淡淺漬。在最後，他說：「我想，漬物跟俳句之間，有著一脈相承的某些東西。」

我一直好奇種田山頭火說的「一脈相承的東西」，到底是指甚麼，可惜他沒多加說明。後來我讀到谷川俊太郎的訪問時，才似乎有點感悟。谷川俊太郎常被問詩中包含甚麼訊息，對此，他懊惱不已，因為：「反正把日本語中優美的詞語放在那裡。」谷川俊太郎凝視及感受語言的美，至於種田山頭火，則凝視及感受自身所處的此地此刻的觸動。他們把語言裡、生活裡打動他們的東西摘取出來，為它們灑一點鹽調味，讓它們與彼此待在一起，安安靜靜地發酵。

語言、生活裡瞬間的微光與幽暗在他們的詩作與俳句裡，沒被搗爛重塑，真實、坦率而易於辨識，醞釀出的風味卻如此動人心弦。如果我也有凝視季節、摘取時日的能力，或許我便能從米糠漬嚼出一首詩來。

琺瑯器

兒子睡著後，我躡手躡足地爬下床，輕聲關上房門，溜進廚房，燒了開水泡了茶，在冰箱深處取出了友人寄來的小盒子。小盒子裡放著巧克力點心，混了棉花糖與乾果的，甜得牙齒發軟。切了一小塊，放在琺瑯碟子上。在餐桌前坐下來，拿著讀到一半的小說，卻始終讀不進心。平常這是我最享受的獨處時光，今晚不免有點心不在焉，因為今天是金森燒琺瑯器的日子。

這隻琺瑯碟子，是我在認識金森以前，在伊賀的 Gallery Yamahon 舉辦的生活工藝展中買下的，付款時他剛好經過，店員跟我介紹說：「這就是造這琺瑯器的金森先生。」金森肩上掛著個柿染的大袋子，走得匆忙，向我拋下一句：「還是熱烘烘的啊。」那時我不知道是甚麼意思，後來交往了，才知道「熱烘烘」就是字面上的意思——他總是拖到展期前一天才交付作品，而那天，他更是在展覽當天的早上才把作品燒好，匆匆驅車自名古屋趕到伊賀來。琺瑯器是在鐵器上，塗上如同陶瓷用的釉藥燒製而成的。我對琺琺瑯器最初的印象，是小時候家裡印有大紅花的琺瑯大盆或洗臉盆，還有幼兒時用來充當座廁的痰盂，我們叫它搪瓷而非琺瑯。琺瑯如玉晶瑩，至於搪瓷的「瓷」則說明了它的本質，它表面上的釉藥含玻璃成分，如瓷器般，堅硬而光滑。另外，還有英國製的搪瓷，捲起來的邊緣被塗上鮮藍色。巴基斯坦或越南的搪瓷則是粗糙的，還未找到新主人前，已露出了鐵的骨肉來，有些甚至微微泛出鏽色。反正印象中的搪瓷、琺瑯都是工業大量生產的雜器，是廚房或生活裡的用具，非登上廳堂的器物。

金森的琺瑯器看來卻精緻而溫柔，少了捲邊使它顯得單薄纖細，白色的釉藥如同輕盈的霧靄，彷彿風稍掠過，釉藥便會在碟中漂動，隱隱約約地透出了背後如黑夜般的底釉。在生活工藝展中遇到他的琺瑯碟子時，我手上原本拿著一隻白漆的木碟，後來便把木碟放回原處（那時我只讓自己挑選一件真正想要的），將琺瑯碟子認領回家。好多年了，至今我依然對它愛不釋手，它是唯一一隻由我親手選來的，只有這能說明，我對他的琺瑯器的喜愛。後來我擁有的，有些是他實驗時造的成品，更多是被他認為燒壞了的東西，素白之中灑落幾點黑的，又或是燒成時釉藥上現出如指印般的花紋的……

金森的手工琺瑯製作方式，是他花了好多年研究出來的。說起來，不得不佩服他探問的勇氣。近三十歲時，他才正式發表自己的金工作品，那時多以錫、銅及鐵作材料，作品大都為花器、雕塑等。幾年後，他想把金屬帶進日常生活的餐桌上，鐵器與銅器對他而言都不夠平易近人，後來想到了琺瑯——工業大量生產的雜器，是否能當工藝來做？決定製造琺瑯的最初，他對工序幾近一無所知，居然翻開工商電話簿，致電給所有跟琺瑯相關的企業查詢。釉藥公司的一位老員工尤其疼愛他，對他的疑問總是親切地回應。只是工業製的與手工的始終不同，又因為他不想使用任何化學品，後來經過多番實驗，總算研究出自己一套方法來。現在仍然偶有意想不到的問題，協助他的，除了他自己外，還有很多不厭其煩，或者已感厭煩，但皺著眉仍跟他一起找答案的人。

為甚麼要選擇這麼容易出錯的方式來做作品呢？我不禁想。材料稍有不對會燒壞，鐵胎上的油膜去得不夠徹底會燒壞。焊接的地方稍有細孔會燒壞。邊緣打磨得不夠圓滑會燒壞。釉藥水分太多太少效果都不理想。釉藥不能混進一顆塵埃，還有很多原因不明的狀況，燒成的表面出現各種不能預期的瑕疵。做一件琺瑯器，工序最少十數個，在爐火裡來回數次，鐵胎須做得仔細，然而，再仔細再完美，最後的燒成仍主宰了它的命運。而且燒琺瑯不如燒陶，能待窯降溫後悠閒地把器物取出，琺瑯器得在高溫之時便搬離窯，心一急，手一不穩，落地開花，歎息連連。

有時金森忙得不可開交，我會去替他做打磨、調釉藥等單純的工作。一個人窩在釉藥工場裡，捧著磨缽打磨著其中一些釉藥原料時，心裡默唸，要磨得細如和三盆糖粉，釉藥要柔如玉漿。平心靜氣，不然太易犯錯。燒成則只由他一人進行，我回到家裡休息時卻像等待著審判，尤其是若他造了燒水壺，工序繁複且細節太多，我就更坐立不安。好幾次，半夜收到他的短訊，說水壺燒壞了，數天下來的心血盡毀，我灌一口水，壓住撲通的心跳。疑心日本人口裡的「言靈」是否真實存在，靈力收在語言裡，說出口的都

應驗。凡事往壞處想，凡事就往壞處去了。往後我便學會了與自己的不安相處，接受了在他燒琺瑯時總是戰戰兢兢的自己，點算無恙燒成的，讚美完成的。燒壞了的由金森來煩惱，他也不抱怨前功盡廢，只考究失敗原因，這是另一個我很佩服他的地方。

書只讀了半頁，碟子上的巧克力點心已消失了，留下深棕色的可可粉散落在碟上，彷彿冬天雪地上灑落了細砂土。他的琺瑯器如此淡雅，平常用餐時，與餐桌上我們常用的古老石皿、三谷龍二的黑木盆並列，它們總是隱沒在其他器物的榮光之中，只有在它獨自佇立之時，才讓人感受到它的輕描淡寫何等地教人怦然心動。夜深的昏黃燈光下，我看著這隻我選來的琺瑯碟子，腦中浮現起金森的身影，邊獨自為鐵胎上釉藥，邊守著電窯，鬧鐘一響便拉開電窯的門，用他特製的工具，把火紅的琺瑯器從火紅的窯裡取出來，小心翼翼地，小心翼翼地。我想，金森的琺瑯器的雲淡風輕與溫柔，是無法信手拈來的，而是靠著孜孜不倦與精心細琢的精神，混合著不計較被隱沒的謙讓，才能提煉出來的。

湯宿坂本

早上泡米準備煮飯時，驚覺土鍋裡還有昨天的剩飯。冬季大冷天，夜裡廚房客廳都成了冰箱，不擔心飯變壞，倒是惋惜鍋底裡的鍋巴。原本結實而帶著焦香的，經過一個晚上變得軟趴趴沒幹勁。將它再蒸熱或煮成粥，都委屈了它，真浪費。

忽發奇想，為它抹點芝麻油，灑點鹽，放在烤箱裡烤十來分鐘。烤箱叮的一聲，飄來飯香麻油香，單純樸素的美味。暗喜自己原來是料理天才，把鍋巴起死回生了。香脆的鍋巴的鹹香在嘴裡綻放時，卻突然感到似曾相識。噢！這根本不是我發明的吃法，我只是挪用了在湯宿坂本吃過的芝麻油燒飯糰的做法而已。旅行中的經驗，就這樣被味蕾與神經記住了。

湯宿坂本位於石川縣的能登，聽說那裡有花三天時間煮的蘿蔔鰤魚，以及用被擦得發亮如鏡面的黑漆地板，我們嚮往多年，終於起程的那天，我跟金森卻在路上因為一些小事冷戰了。原因想不起來了，反正不外是一些不值一提的芝麻綠豆。

車子駛上從名古屋往能登的高速公路，不管是在高速公路的休息站喝咖啡，還是在於能登海邊的咖啡廳吃午餐時，我們都幾乎沒有說過一句話。到達湯宿坂本，我們站在旅館的玄關。牆邊如同神社或寺廟裡的石製御手洗裡注滿了水，在幽暗中反映著窗外夏末的燦爛陽光。我們看著那漂浮蕩漾著的柔光，聽著室外的鳥啼蟲鳴與風吹草動，等了又等，都不見任何人來接待。

「怎麼辦呢？要擅自進去嗎？」我終於先開口，不情不願地敲破冰牆。

「再等一下吧，好像說這裡就是這樣。」金森說。

湯宿坂本在網站上本來就寫得清清楚楚，它是一家有所不足的旅館，沒人在玄關中迎接，沒有冷暖氣系統，房間中沒有電視，旅館裡沒有娛樂設施、沒有無線網路，連電話訊號也幾乎不通，不提供牙刷、拖鞋或任何梳洗用品，洗手間及浴室是共用的。房間及洗手間的紗窗若沒關好，會飛進各種昆蟲。清晨時住客會被旅館養的公雞吵醒。這是

さか本

一間我們期待著的旅館，一家有所不足的旅館，在玄關中乾等其實也是預期之內。

乾等得無聊，我探頭往裡看，心裡頓感豁然開朗。筆直狹長的黑漆走廊上一整排明淨的玻璃窗，窗外翠綠的內庭一覽無遺。黑漆在暗處是深邃的墨黑，靠窗處卻是明亮的，反映著窗外的綠光，黑暗與光明交融。日本有著深厚的「清淨」的文化，清潔與淨化，進入神社前先洗手，用餐前先用擦手巾擦手，打掃與清洗代表著人的敬意，同時也有著淨化人心的力量。湯宿坂本自言不足，在「清淨」上卻下盡工夫，我感到心裡的微塵彷彿也被掃走了。

等了大約二十來分鐘，發現樑上掛著一面大銅鑼，恍然大悟，戰戰兢兢地輕敲了一下。鑼聲低迴，又等了好一陣子，一位穿著工作服的年輕女生總算自裡間走出來迎接，帶我們參觀旅館，介紹內裡的設施——共用的浴室、洗手間、設有柴火暖爐的餐室，面向內庭的洗手盆是梳洗的空間，外面的庭園、遠處的別館可自由進出，內裡可以聽音樂、喝咖啡，都是自助的……然後引領我們到二樓裡邊的房間去。房間八疊大小，一台矮桌，一把電風扇，除此之外，只有窗外婆娑的樹影，以及安靜地流動著的空氣而已。

放好行李，稍作休息，還不到晚飯時間，我們漫無目的地走到庭園去。看建築，看

客房旁的雞舍，看蜻蜓在小溪上飛舞，在池塘的樹上發現青蛙產卵後遺下的泡沫巢。在石拼小路上不自覺跟自己玩小遊戲，小心翼翼地踏到石塊中央，不要踏到邊緣去。聽說這裡晚上漫天星宿，今晚多雲不知能否看到。無所事事，百無聊賴。我們只有兩、三次住旅館的經驗，記得其中一次，我們窩在房間裡，一不留神，驚覺自己看了數個小時電視，有時則各自待在溫泉裡。好像就只有這麼一次，一起感受著時間在皮膚上輕輕滑過。

湯宿坂本的創辦人坂本新一郎，小時候曾經想過當和菓子職人，高中跳彈床時一時失足，留院了兩年，挽回了生命，卻自此半身不遂，而原本經營旅館的父親，在到醫院探望他後，於回程路上突然離世了。出院後生活天翻地覆，母親要他留家幫忙旅館工作，他憧憬修讀美術卻考不上美術大學。前途一片混沌的時候，他想到自己自小的愛好——吃。

坂本新一郎決定棄美術轉而鑽研料理，他嘗試到金澤的料理亭要求當學徒，卻被店主擲下一句：「這裡不需要殘障的人！」語言暴力擊不退他的意志，後來，他進入了一家法國料理店，當了一年學徒，又曾師從料理研究家辰巳芳子，當起辰巳家的幫工來。在辰巳芳子身上學習到的料理知識，他一直珍而重之。湯宿坂本的名菜蘿蔔煮鰤魚，便沿用了辰巳芳子身傳的烹煮方法。鰤魚去腥臭時，一般都用名為「霜降」的方法，在鰤魚上澆熱開水，表面變白後，加一點冷水，用手輕輕擦掉魚皮上滑溜溜的物質，並且去除血水。坂本新一郎則是用高溫的火燒，急速燒至鰤魚上有一點焦，魚腥便隨之散去。

晚餐時，與其他素未謀面的住客，一起圍著餐桌，服務生端來蘿蔔煮鰤魚時，大家都不禁輕聲驚歎。足兩、三吋厚的蘿蔔，被醬油高湯染成了棕色，鰤魚的油香滲進蘿蔔之中，是三天三夜慢火細煮出的厚郁美味。大家不約而同地與同桌者交換了笑意與眼神。一盤美食，讓不相熟的人們心意相通了。

除了松茸的季節外，湯宿坂本甚少採用名貴的食材，大都是一些尋常的菜色，蘿蔔煮鰤魚外，早餐時的炸飛龍頭，也是常見的家庭菜，不同的是，湯宿坂本的飛龍頭裡的豆腐由他們手工造成，在吃前才油炸。另外，我們還吃到拌了魚卵的蕎麥麵、從農園採

來的季節菜蔬製成的漬物、蓮藕糰子等，這些看似樸素的料理，在口腔裡散發著亮光，把客人一次又一次的召來。

留宿於湯宿坂本那晚的夜深，我走出房間經過黑漆走廊往洗手間時，遇見了坂本新一郎。他雙手抓著窗邊的樑，雙腳懸空，輕盈地往裡移去，似乎在檢查窗戶有否鎖好。翌日清晨，被精神奕奕的公雞吵醒，於洗臉台迎過內庭吹進來的清風，呼吸過能登早上清涼的空氣後，遠遠看見坂本新一郎坐在輪椅上，被人送來。兩個女生（似乎是他的妻子及女兒）出來迎接，協助他抓住橫樑後便匆忙回到廚房裡，然後坂本新一郎便逕自攀著樑朝廚房移去。年近七十的矯健身體裡，住著他多年不滅的堅定意志，這旅館流滲著沉穩而安定的氣息，大概很大部分都是來自他的靈魂深處。

湯宿坂本的建築物是他繼承了父親的事業後，於三十多年前才請建築師設計及建造的。建築師是鄰近城市輪島的高木信治。坂本新一郎在一次訪問中，提到自己年輕時在輪島閒晃時，發現一家旅館，玄關及土間（與玄關相連，不鋪設板材的空間）的模樣，與他一直夢想的如出一轍。得知該旅館的建築師是高木信治後，他立刻叩門拜訪，卻花了四年多，才令高木信治答應為他設計旅館。二十多歲初次拜訪高木信治，對方向他提到了五項要求。一是要把家附近的動植物的生態都記錄下來；二是預備空照圖；三是調查周邊地域有怎樣的祭禮；四是在冬季下雪時，找出美麗的建築物；五是帶妻子來見他。最後一項，他花了多年都無法完成，可幸高木信治最後還是肯首。

用過早餐，收好行李，走出旅館的主建築後，我們沿著庭園中的小路走到別館去。這個庭園的一草一木、池塘小溪、草坪與路徑都是經過精心安排的，在落成的三十多年後，與自然融而為一，渾然天成。

這麼大片土地，偌大的建築，湯宿坂本裡卻只有三個房間，原因是坂本新一郎希望這裡能成為日本首屈一指的小型旅館。由他們一家幾口經營的話，唯有僅設三個房間，他們才能游刃有餘。若如他最初所想，設七個客房的話，大概就無法如現在般，提供用心的料理、教人感安寧的環境。坂本新一郎笑言這裡並非旅館，而是客人們另一個家，熟悉而自在，而他們則是管理人而已。

離開湯宿坂本前，我們坐在別館裡，一起邊喝著自己泡的咖啡，邊凝看池塘景色，凡塵雜事、悶氣與齟齬都在沉澱在寧謐的空氣裡。這是一家不足的旅館，但注進我心裡的，卻滿溢出來。

鹽飯糰和柿子

離開朋友家前，他遞來一大袋柿子，說家後園的柿樹今年豐收，採不完，吃不盡，要我多拿點回去。我看著快把塑膠袋塞破的柿子，想起中川雅也及上野樹里主演的電影《我的超齡男友》（お父さんと伊藤さん）。飾演上野樹里父親的藤竜也見女兒為他削柿子皮，叨念著：「哪有人買柿子。」女兒嫌他煩，後來陪他回老家，才知道原來父親老家庭園裡有棵大柿樹，秋季來時柿子隨手可得，哪需要用金錢來等價交換？

朋友送的柿子全都小小一顆，臉上長滿了黑斑，充滿野性。削了皮，在正中央下刀，刀子一時間切不下去，才想起柿內有籽。超市買來的柿子，不論哪個品種，都又大又富光澤，且是人工培植的沒有果核。我是給果農寵壞了，才會對野生柿子有了錯誤的期待。切了一個跟兒子分來吃，甜味清淡幾乎在嘴裡不留痕跡，沒買來的濃郁甘甜。但自然本來是這樣，反反覆覆，起起伏伏的，沒有恆常如一的甘美，也沒有恆常如一的苦澀。

記得在《料理與利他》（料理と利他）一書中，讀到料理家土井善晴跟人文科學學者中島岳志的對談，他多次提到日本料理的傳統是以「全盤接受」為基礎。「在和食之中，沒有把料理煮得美味的觀念，倒是有不要浪費的想法。好吃的東西，本來就好吃，要是不好好地吃，就太浪費了。因此要清洗乾淨、去除澀味、做好烹調前的食材處理。」煮清湯時要去除浮沫、做燒魚前得灑鹽去除血水，這些料理基本功，都是為了不浪費大好食材而做的。至於本來不好吃的東西，他說：「因為對象是『自然』，定會有不美味的時候。」當下的味道與口感啊，全盤接受就好了。當然他指的是日常家庭料理，而非在料理亭中專業廚師做的菜色。

　日本年輕一代被世界飲食文化薰陶，但想來，我在日本吃過長輩做的家庭料理確實如此，因為全盤接受，於是把調味的責任交托給食材及吃的人。聚餐時吃的鍋物，大一鍋雜菜與魚塊一起煮，高湯做得清淡。吃的人把食物撈進碗裡，要加甚麼調味悉聽尊便。金森的媽媽愛做一種叫錫紙燒的料理，用錫箔紙包著菌類、根菜類、魚或肉類，以烤箱或平底鍋烤熟。她會簡單地為食物灑點鹽及胡椒，吃的時候若覺得味道不足，大家便自行放柑橘醋或醬油。不管在餐廳或家裡都常吃到的山藥泥拌飯，吃的人隨自己的喜好把山藥泥澆在熱騰騰的白飯上，再隨自己的喜好澆上適量的醬油，吃的不是料理者的工

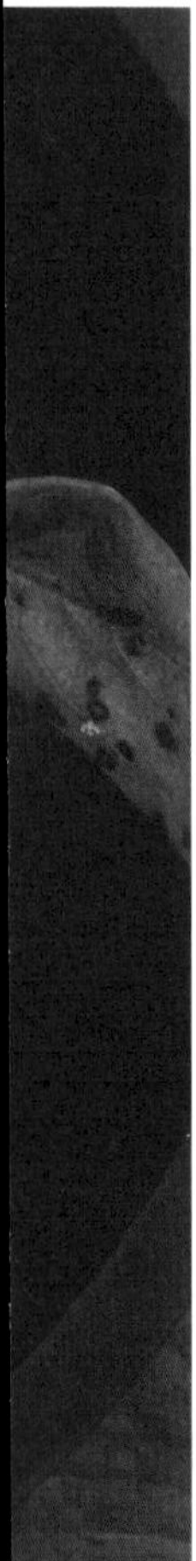

夫，而是天然食材的美好。

記得在一次聚會中，吃到料理家朋友中西直子做的南瓜沙拉。跟在其他地方常吃到的一樣，材料只是水煮蛋、南瓜泥、美乃滋及一點鹽，她卻做得味道口感特別好。問她烹調方法，她說不要把南瓜切成小塊，得整塊隔水蒸，南瓜的水分才能保存起來。然後就是必須把南瓜稍微放涼後才拌進美乃滋，避免油水分離。至於其他步驟、調味分量多或少，她說：「隨隨便便就好了。」水煮蛋隨便用湯匙搗碎，南瓜不成泥，留下大小塊都沒關係，不均勻，才能感受到食材的存在。那時我想，烹飪的竅門，或許在於對食材特性的認知，也就是對從大自然，走到我們餐桌上的種種生命，究竟懂得多少。

「隨便就好」也是土井善晴在教授料理時常說的話，這句話，救贖了不少為料理而苦的主婦／主夫們。他說的隨便，暗示了我們大可以放下食譜裡精心計算過的用料分量。除了因為各人口味本來就不同，也因為若太過依循指示，太在意犯不犯錯，只會丟失自己的直覺，以及以自己的感官感受世間種種物事的能力。

有天在網上看到一集 NHK 長壽烹飪節目《今日的料理》（きょうの料理），土井善晴任客席主持，那集被視為經典，原因是他介紹了鹽飯糰的做法。鹽飯糰，即是只沾了

鹽的白飯糰。把煮好的飯，用沾了鹽的手捏成糰，如此簡單的料理，究竟有甚麼需要解說呢？他費了整整十五分鐘，先從洗米的方法與箇中道理說起，其後花了一分多鐘鄭重地說明了看似最不值一提的步驟——洗手。以清潔的手捏飯糰，除了因為衛生，也是對食材的尊重。做任何料理，沒有比尊重食材更重要的「步驟」。尊重它、感受它、全盤接受它、感恩它的到來，才能看到它的美好。

秋末初冬，新米已上市了。吸飽水的新米，煮出的白飯粒粒晶瑩。我洗了手，準備捏鹽飯糰，配菜是拌了豆腐的柿子。這是當下季節的味道，沒有比這更棒的味道了。

雜草

「那些叔叔們又在灑毒了。」兒子指著公園的小丘說。小丘上幾個剪草工人背著噴灑機，除草劑如雨灑。金森好幾次與兒子散步時目睹，邊匆匆拉著兒子離開，邊說工人在灑毒，幾次下來，兒子便記住了。

「為甚麼叔叔們要向草灑毒呢？」兒子問。

「因為他們認為那些是雜草啊。」我說。

「甚麼是雜草？」

「嗯……甚麼是雜草呢？」一時之間，我也回答不了。

「雜」應該是混雜的、無法分類的、源頭難以辨識的意思吧。但草就是草，草有著其父母與祖輩，源頭難辨也有源頭。日本植物學之父牧野富太郎有一句名言：「沒有名為雜草的草。」看來是我們知識太淺薄，才以為它們無名無姓，能以一個「雜」字將之歸類。

「雜草」這名詞，是在明治時代才出現的，當時農學博士半澤洵出版了書籍《雜草學》（雜草学），將雜草定義為「在人類使用的土地上生長，對人類有直接或間接的損害的植物。」自此以後，農作物之外，凡在田裡生長的、不能吃的、被視為對人類沒有用途的，統統都被簡稱雜草。想起以前在香港的超級市場買菜，菠菜、芥蘭、娃娃菜被包裝在透明塑膠袋裡，標籤上一律寫著「菜」，那時為店員的馬虎忍俊不禁，又為它們被隨便對待感到不值。想來自己也以同樣的態度對待「雜草」，以一個稱號模糊了它們的身分。

金森的工房旁是大片農田，以往每逢春季便會化為水田，春季田裡倒映著日月，夏季時青稻隨風搖，秋季時稻米飽滿彎著腰，在夕陽下泛著金光。現在鄰人年老了，不種米了，只有小片的農地還種著蘿蔔、白菜、洋蔥等蔬菜，除此以外的地方，就成了雜草、蝴蝶蜻蜓等的樂園。兒子出生以前我們常擅自走進去散步，只要不踏進田，鄰人便不在意。兒子出生會走路，也愛沿著畦溝走，偶爾被田裡白鷺的姿態懾住，偶爾追趕著正穿梭在野花之間吸啜花蜜的紋黃蝶。有時一個不留神，他沒入比他還高的草叢裡，走出來時勾了滿身難纏的植物種子，我說：「是黏蟲（ひっつき虫）啊。」他以為真的是蟲嚇得失聲高呼，看清是植物後才冷靜下來，低聲喃喃好討厭好討厭。我邊為他撿下來，邊說：「這叫『荒地盜人萩』，記著它的名字，你們便成為好友了。」說完便後悔了，若他們真成為好友每天黏在一起，煩惱的就是負責洗衣服的我。

初春時便見蒲公英的影蹤，黃花點點的綴在翠綠青草上、馬路邊，甚至是柏油路的裂縫上。有些蒲公英筆直挺立，有些卻軟趴趴地伏在地上。以為花兒被踏扁了，後來聽說是因為花未長時，葉片被踏過，蠢蠢欲動的花兒感受到生命被威脅，便貼在地上長。為生存而柔軟下來的身段，往後看見時倍感我見猶憐。蒲公英錯長在住宅的庭園內時，常被視為雜草，給一一除去，但其實它的葉子能入饌，根部可造茶也可入藥，花兒予蜜蜂蝴蝶甜美的蜜，整根都是寶。早些天在公園遇到的蒲公英，幾天後已化作一團團小棉球，公園裡的小孩們踏著左搖右晃的腳步走近，不消一瞬，棉球已俏然無蹤，只剩下給折斷的花莖，棉絮飄啊飄，飄在風裡，飄到樹下，飄入柵欄下，有時沾在衣服上，隨著我們回家。

六、七月綻放的魚腥草，在日本稱作毒矯，也叫十藥，毒與藥為一，忠於自然療法的朋友常摘來做成化妝水，說是可以保濕美白。我尤愛那白色嬌柔的小花，花瓣拼命地開，露出青黃挺直的花蕊，對延續生命的渴求如此顯然易見。金森的工房旁邊長了一叢，

我們挖了幾棵種在現在居住的社區的停車位後方，又種了些在家裡的花盆內，往後每年春季都見到它們的迎人笑臉。社區隔數個月便請園藝師來除雜草，當天早上天剛亮，金森便拿繩子衝出門，忽忽忙忙地把魚腥草圍起，貼上字條：「別剪魚腥草。」不然，魚腥草定難逃一劫。

秋來時，路邊長滿了雌日芝與狗尾草。狗尾草在這邊也叫逗貓草，兩個名字都很生動，摘了一些回家逗貓，貪玩的貓竟對之毫無反應。意興闌珊地將之隨手插進花瓶內，它們健康地陪伴了我們好多天。日本的家紋常見到名為「片喰紋」的三葉草圖案，其實是一種叫做酢漿草的野草。日間揚出心形的葉片，夜來時像累極了，便合起來休息，因為生命力強，常被繪作家紋，算是對家族的祈願。還有一種原名叫作薺的植物，在日本有個可愛的暱稱，叫乒乒草（ぺんぺん草）。乒乒草修長的莖上掛滿了種子，旋轉時會發出輕輕的乒乒聲，是日本小孩傳統的小玩意。有多少種類的「雜草」，便有多少有趣的人文故事。

牧野富太郎的話其實是出自文學家山本周五郎的一次採訪。當時二十多歲的山本周五郎，替雜誌《日本魂》採訪牧野富太郎，隨口吐出「雜草」二字，教牧野富太郎直皺

眉，斥責他說：「世界上沒有名為雜草的草。每一種草，都有名有姓的。我很討厭雜木林這詞。松、杉、楢、楓、櫟——全都有自己的名字。但世界上就是很多感覺遲鈍的人，隨便說出『雜草』啊、『雜林』啊。假如你被稱作『雜兵』，你會好受嗎？」

種田山頭火不時以雜草入句，浪跡天涯的他對路邊的野花野草尤感親近。在《草木塔》之中，他寫道：「雖然我的存在與雜草無異，但也心滿意足了。雜草就以雜草之姿生長、綻放、結果，然後若枯萎也不錯。」對他來說，雜草可能象徵著一種自由隨意、遺世獨立的生存方式吧。我想，他灑脫卻憂鬱的個性，被稱作雜兵，對他來說也是無所謂的吧。

紫花地丁不管是否被叫作紫花地丁，即使缺了名字，不管春季的原野有否因她而美麗，人類有否因她而微笑，她仍會循著自己的定律，在春季時綻放。對它們來說，我們是否也是「雜兵」、「雜人」呢？天地裡，我們與不被我們認識的花草，大概都是同樣的雜，平等的存在。

溝口一三

「若我們把自家的庭園想像成城市的風景，假如鳥兒隨便為每個家的門前帶來一棵樹，當樹木長大後，自家的樹就成為鄰家的風景，鄰家的樹也成為自家的風景，我們不用打理，只要將之交托給自然，整個城市，就會成為美麗的庭園了。」

——溝口一三，景觀設計師，Landscipe 創辦人

「伊勢神宮每二十年便會遷宮一次，把舊神宮拆卸，於旁邊建立新的神宮。舊神宮所在地被稱為古殿地。某天，我站在古殿地裡，四周空無一物，我突然意識到，這不就是庭園的原點嗎？在無形的空間裡，感受世間各種物事、與自然對話，該就是庭園的原點了。自日本還在自給自足的時代起，精神性的庭園便一直存在於民間，民居的門前、

玄關裡、工作場所內，就像古殿地一樣，都是庭園的原點。來到現代，庭園該是怎樣的呢？我花了四十年時間做實驗。」

溝口一三的話剛盡，群鳥唧唧嚦嚦，我們坐在溝口家的客廳內，群鳥卻彷彿自我們頭上拍翼飛過。窗外樹影婆娑，茂密如森林，風聲雨聲在居室與人心內迴蕩。那是溝口家的庭園，也是溝口一三進行的實驗。

今天早上，在等待溝口一三及他的子女回來的空閒時間裡，我在溝口家的庭園內散步。天氣預告這天會下雨，早上到來時卻見陽光明媚，林裡光影斑駁。這幾天一直雨下不停，腳下泥土濕濕軟軟，石拼小路上長滿了青苔，若不是偶爾傳來汽車滑行的聲音，我差點忘記數十米外，就是混凝土鋪成的公路。如果說庭園是人與自然對話的地方，溝口家的庭園，讓我直接感應到大自然的呼吸與心跳。它不只是一片靜止的漂亮風景，更是不斷演化變換的生命。

溝口一三在四十年前為老家造園時，只種下二十棵的樹木，偌大的庭園裡，有很大部分都是農地。屋前原有一片草坪，是他為孩子鋪設的。四十年下來，農地與草坪都消失無蹤，長成了綠林。他沒有大刀闊斧將之開墾，綠林，其實是大自然送來的禮物。「現在庭園有逾百分之六十的植物都是風及鳥兒帶來的。風吹來了植物的種子，鳥兒吃過果實後到來，也經糞便排出種子，四十年下來，種子便長成了樹林。」溝口一三說。

日本一般造園方式，是人類依自己的意志，在空間裡安排各種的花草樹木與石頭，模擬自然的風景，又或者，物化花草樹木，借助自然畫出自己心目中的風景畫。抽象如龍安寺的枯山水，壯大如島根縣的足立美術館，狹小如京都不少咖啡館內的後花園，都是經過精心安排。稍縱即逝的粉紅櫻花後襯托著常綠的老松；窗前隨季節而變化色調的楓樹；植物的高矮層次；各種植物葉片大小的拼湊；我們看到了自然的美，同時看到造園者的心思。為了維持庭園的景色，外來的植物都被視為雜草雜木，在它們仍幼嫩時便將之除去。溝口一三打理庭園時卻不「維持景色」，他將大自然送來的全盤接收，雜草長成草叢，雜木長成樹蔭。他大部分時間甚至不打理，不除蟲，不剪枝，客人來時，將石拼小路上的落葉掃一掃就了事。庭園看到的綠看似任意而雜亂無章，卻自有規律，這樣很好，這樣正是自然原來的模樣。

「大自然物競天擇，但萬物從不爭吵，它們自會取得平衡。旁邊的植物礙著自己生長時，便繞道而行。根長不夠深，樹幹也不會無理地長粗。面對自然，我們只要容讓，它自會長成美好的姿態。」溝口一三說。

不管是自家的庭園或是客戶的庭園，溝口一三從來不用除草劑或殺蟲劑，因為他知道，為了人類的一時便利，將破壞自然的循環與平衡，代價亦將更大。「濫用殺蟲劑，細小的昆蟲死去了，鳥兒便沒有食物，自然循環也會失衡。修剪植物時也一樣，為了加速樹木生長，不少園藝師會剪枝，被剪過的傷口上，會生出更多芽，芽嫩而味美，自然會吸引昆蟲，於是便需要用更多殺蟲劑。但其實只要順應自然，任其自然長生，嫩芽少而成熟的葉多，昆蟲便不愛了。有一本書叫《土地與內臟》（土と內臟：微生物がつくる世界），說土壤裡的微生物與人類內臟的相同，有其生態圈，無差別地除去土壤裡，或是內臟裡的微生物，會造成重大的不良影響。土壤與我們的身體一樣，需要好好保護。」

溝口一三的兒子達也及女兒洋子，在自然的簇擁下成長，卻從沒想過要接手父親的景觀設計公司。大學時修讀雕塑藝術，畢業後當過大學講師，也辦過多次個人展覽，藝術之路沒有波折滿途，但最終決定回家，師從父親學造庭園，對他們來說，似乎也是自然不過的事。不因為子承父業的傳統觀念，而是父親對自然、環境，甚至對創作的觀念，都深深植在他們心裡，於他們多年創作的經驗裡不斷迴響。「我們現在做的庭園，其實只是將父親的思想，原原本本地傳達出來而已。」達也說。

溝口一三在訪問中常提到「作為」二字，在日語之中，「作為」指人類的意志、自我意識。風格化的技法、個人的主張，似乎是藝術創作不可缺的要素，然而，於日本美學觀念裡，「作為」有時帶有貶意。作品包含了創作者強烈的自我意識，會流露壓迫感，淡泊而平凡的，才歷久不厭。溝口一三對減去自我意識的堅持，對二人的影響尤為深遠。「在做藝術創作時，必須將自己全盤地表現出來，但創作日久，過程變得很痛苦。造園時，客人有各自的要求，而先於此的，還有場所，所有答案都能場所內找到。」洋子說。

溝口一三認為，過高的自我意識，只會使自己的創作變得狹窄。今天我們帶著自我意識做作品，扳不掉的，是於今天的世界與社會裡，影響著我們的價值觀，而那些價值觀未必是最底層的自己所信奉，所追求的。放下潛意識裡的自我，細看自己所在的場所，感受風、聽著水、摸著泥土，最後直觀自己的內心，是溝口一三認為最合適的造園方法。

「一般人造園時會想，我要過怎樣的生活，我要看到怎樣的風景。但我相信應該還有更好的方法。首先得感受場所，哪裡的風景、哪條路線、哪個屋頂看來很美？先找到自己感覺最好的地方，相信自己的直覺。早幾年，我們接到一個案子，地點是富士山附近的樹林。雖近富士山，在內時卻看不到富士山的景色。林木過於茂密，走進去後幾乎看不到外面的世界，連太陽也見不到。我們最初不知從何入手，就先在裡面散步。我跟兩位同事在裡面散步了三天，很奇妙地，時間一久，憑腳底的感受，就能明白地形的起伏，哪裡是險峻的、哪裡是寬廣的，漸漸會感應到樹林的氣息。回到公司，那兩位同事很迅速地畫出草圖來。若理性地思考要在那邊建一條河，那邊要遮蓋的話，會摧毀一些可能性。要用皮膚去感受，然後以技術來實踐，人類的自我表現，放在最後好了。」

自然的平衡與內心的平衡相互呼應，身體和心靈都與自然共生，對溝口一三來說，是最重要的課題。這追求有時會為生活造成一點的不便，卻為內心帶來寧謐。

「現代房子的庭園，通常要求良好的去水系統，希望將降下的雨水快速地排去。雨水看似是不受歡迎的東西。一對醫生夫婦請我們為他們小小的室外空間造園，他們日常生活很忙碌，希望我們造出可以告知他們自然時間的庭園。於是我們在沙土上鋪上石塊，下雨時，雨水暫時在石塊上積水窪，水窪反映著天空及四周的事物，即使園內沒有樹木，水窪反映出的景色也極美麗。積水會緩緩地被石塊及沙土吸收，譬如說，我們坐在客廳內聊天，客廳裡沒有時鐘，但當水窪乾透時，便知道時間不早了。」溝口一三說。

庭園的風景不局限在圍牆之內，甚至不限於具體的事物，也可以是透過眼前景物，與自然連結的想像。溝口一三說，即使家裡沒有庭園或陽台，即使室內幽暗如京都的長屋，也可以在家裡用盆子造一個小巧的庭園，與室外的自然環境作呼應。哪怕外面大廈高聳入雲，還有一片天空，等待你去接收。

後記：

溝口家的庭園，不只是眼前的一片風景，而是一處身體髮膚、五官與六感都浸泡其中的地方，你或會為髮上沾了蛛絲而厭煩，也會為青苔上泛著的金光而感動。我一直以為庭園是設計出來的，到過溝口家，才明白庭園是演化出來的。

溝口一三花了數十年的時間，進行他的庭園實驗，極力不插手庭園的演變，隨它自由生自由長，結果長成了任何人走進其中，都會為之心動的模樣。數年前跟他做了訪問，他對庭園設計的看法與見解，在我腦內留下深刻的印象。後來才慢慢意識到，他的想法，跟我在日本生活的日子裡，學習到的美學觀念相通。

這篇文章原刊登在香港雜誌《Obscura》中，溝口一三接受採訪時大病初癒，在訪問刊登後的一年多後，他與世長辭了。衷心感謝他與他的家人，接受那次採訪，予我有機會把他的話記錄下來，讓更多人聽見。

大地的呼吸

連續下了多天大雨，好不容易等到雨天稍休時，我們決定去看看我們位於山上的廢墟及小森林。這片土地，是金森在多年前買下來的，本來打算修葺作新居，卻因種種原因未能成事。一如所料，森林旁的小路，政府不久前才整修好，這時又被雨水打得皮開肉綻，破開了幾個大洞，車子得小心繞路，不然若陷進洞裡，一定難以逃脫。

每逢大雨過後，這條小路便會變得破破爛爛，破爛幾天，政府收到鄰近居民的通知，便派人來整修，可是再下一場大雨，又會打回原形，重複又重複。

小路原是山林小徑，多年前為了讓車子能夠直駛到山上的神社，樹被伐去，鋪上了混凝土。原本再大的雨，大地都能自然吸收，混凝土一下，大雨時小路突然變成急流滑梯，砂石自山上給沖下來，混凝土受不了砂石猛烈衝擊，大雨後便焦頭爛額。說到底，就是山林的呼吸給堵塞了，流水原來的去路也被截斷，大雨來時山林便無法應對。

這幾年，我們開始學習「土中環境」，亦即土壤中的空氣流動、水流、微生物等跟植物及山林環境的關係，契機是於媒體上讀到被譽為「環境再生醫」的造園家矢野智德撰寫的文章。而在學習過程中，對於人類與自然的共生方式，以及自己於地球所處的位置等都有了不同的感受。

「大地在呼吸，和人類一樣，吸入了空氣，分流至大地中的各處，樹木的根與泥土中的生物才得以生存。然而，不知從何時開始，大地的呼吸被人類阻礙了。」矢野智德在文中的這句，當時深深打動了我。他筆下的「呼吸」，並沒有抽象的意涵，純粹指空氣的流動，一吸一吐。我們在陽台或庭園中栽種植物，見植物無精打采，多以為是營養不良、日照不佳又或是遭到蟲害等，卻未想過可能是泥土的呼吸被堵塞了。

矢野智德生於一九五六年，父親經營植物園，他還在念小學時便到植物園幫忙，栽種及打理植物。於東京修讀自然地理期間，感到課堂上的紙上談兵太過抽象，毅然休學，花了整整一年時間，徒步遊遍日本全國，看盡日本的自然生態。二十五公斤背包裡的糧食只有糙米，每天步行二十至三十公里，於暴雨深山中迷過路，也在雪山中遇過難。見小鳥在風雪中自在飛翔，頓覺身為人類的無力。一年間的磨練，讓他深感人即使陷入絕境，但作為生物，定具有存活下去的力量。

旅途之中，他發現日本面積雖小，不同地域的氣候卻差異巨大，由炎寒地帶至亞熱帶都包含其中，生物多樣化濃縮在小小的國土裡，卻同時發現日本對待環境的方式、基礎建設、產業發展，都忽視了在地的風土。

回到東京，安定下來後，矢野智德開設了自己的造園公司，替都內的客戶造園期間，他注意到不少令人不解的現象——何以在相近環境中生長的植物，有的植物健康，有的植物卻枯萎了？日照、肥料等都沒問題，那會是甚麼原因？困惑之中，他想起過往走遍全國時觀察到的自然景象，想到各地的風與雨水、草的生長，還有水的流向，意識到泥土中空氣的流動與循環，影響到水流，同時影響到微生物的生長。泥土上的植物的表情會隨著泥土中的環境而變化，看似快將倒下的大樹，竟然因為他在地上挖出幾個洞，空氣跑進去了，就精神奕奕地重生起來。

當矢野智德在上世紀九〇年代向大學教授與地理學者提出自己的見解與實證時，大家都驚詫不已——當時學者們大都著眼於水與土壤，而沒注意過空氣。矢野智德給予他們嶄新的見解，及後他與當時的日本地理學會會長成立了「杜之會」（杜の会）。「杜」在日語中跟「森」一樣，也是森林的意思，而「木」與「土」的組合，也正好說明矢野智德心中對森林的印象，不只是樹木，還有泥土中的世界。

在矢野智德眾多研究之中，不少都教人反思。例如熊野古道某個神社山林中的樹木突然大量枯萎，他受邀去「看診」，走到山頂，他翻開泥土，土裡湧出了大量臭氣，他認為山頂出現有機氣體是異常的事，定是山谷地帶哪處的空氣被堵塞了。調查下去，發現是九公里以外新建了水壩，引至砂土崩塌、河川被侵害，山谷下水流不佳，山上的空氣就被塞住，他形容是自然的大動脈硬化了。九公里以外的人造基礎建設，原來會影響九公里以外的自然生態。世界是連動的，任何事物都難以獨善其身。

如果說大自然是一整個生命體，那人類的混凝土建築與基建大概就像是壞膽固醇。上世紀七〇年代，當時的日本總理田中角榮提倡日本列島改造論，全國各處山林與農地建了大量的水壩、公路，混凝土築成的公路如同越織越密的蜘蛛網，不少地下水脈都被截斷，原本有著優質地下水的地域，水源被污染了，泥土中水流與空氣的循環都紊亂了。矢野智德發現，很多山泥傾瀉或洪水等被說成自然災害，其實都是人類使大地呼吸不良所引致。

然而，他並非反對使用混凝土等阻礙大地呼吸的物料，只是認為得找到兩者俱存的

方法。他曾受邀去治療京都市內種在人行道上一棵快枯萎的大樹，在取走塞住的石塊與部分混凝土後，空氣水流流暢了，原來病懨懨的細小樹冠，數年後便茂盛起來。矢野智德自言自己所做的並非為人類謀幸福，而是為了自然所有生命的平衡，要做到這，必須去人類中心化，了解人類也是自然循環的一部分，而非強行對抗或限制。

矢野智德的故事後來被拍成獨立製作的紀錄片，二〇二二年起在日本各地上映了，片名為《杜人(もりびと)》。我很喜歡這名字，因為粵語「杜」跟「導」同音，「杜人」以粵語讀來就有引領別人、引導別人的意思了。

說回我們的小森林，我們近來嘗試改善小森林的「土中環境」，在泥土裡打洞幫助去水，又將整理竹林時伐下的竹燒成竹炭，埋在土裡，培養泥土中的微生物。森林裡一個陡峭的山谷，大雨時有山泥傾瀉的危險，金森獨力把斜坡鋪成階梯式的，以燒過的木材及竹子固定，幾個暴雨證實了他的工夫沒有白費。雖為金工藝家，但相比起金工的創作，這片小森林，可能是他近年最用心進行的作品吧。

散步布袋

「這兩款是希望家長自己做的。」幼兒園開學前的說明會上，老師遞來一張用品清單：雨衣、水靴、牙刷、手帕、帽子……午睡用的墊子幼兒園會提供，床單及被子可直接向園方購買。這些都不難解決，就是散步時帶著，用來收集松果、樹枝與小石頭的手提小布袋，以及被稱作午餐袋，用來放手帕及牙刷的索繩袋子，園方要求家長手工製作。老師臉上掛著盈盈笑意，笑面如此溫暖，我卻感到有點燙手。

日本大部分小學在五、六年級時，不分男女，在家政課上都會學習使用縫紉機，老師大概沒有想到我這外國人，連怎樣替它穿線都不懂得。

跟日本朋友談起此事，朋友建議在網路上找人幫忙。不少縫紉技術純熟的媽媽，在開學以前會在網路上出售自己手工製作的上學袋子組，還可以請她們繡上孩子的名字。偷步了，也神不知，鬼不覺。然後又聊起自己的童年回憶，說到母親用鋪棉布為她縫了布袋，上學時用來放聯絡簿等的小東西，她至今仍記得那個陪伴了三年的米黃色袋子的模樣。「幼兒園會把袋子掛在當眼處，雖然媽媽不在身邊，也感受到她的陪伴。當然小時候不懂，只會羨慕同學有個會用花布或 Hello Kitty 布料造袋子的母親。」朋友笑說，眼睛閃亮如星。我想，感知物件與人情的連結的能力，可能就是由這些小事情發酵而成的。

我是在何時開始意識到「物件與人情的連結」呢？會否是初中時，父親親手用木板為我造了第一張書桌？又或是更早以前，母親為我編織了一件色澤曖昧的紫藍色毛衣？甚至是在最早期的記憶裡，外婆給我用毛線編了毛絨球作玩具的時候？不一定是精巧的，卻朦朦朧朧地散發著安定人心的氣息。

想來，兒子自從學會組織句子後，便不斷問問題，最常問的是：「這個是誰造的？」指著碗碟、玩具、衣物、桌子、車子、天橋、大廈，任何他眼見的東西，問是誰造的。被三番四次追問後，我才意識到，他小小的腦袋裡原來種植了「東西背後有人」的觀念。他固然不會懂得造東西所費的努力或勞苦，但他似乎知道，東西非自天而降的，而是有人在背後，像他爸一樣，用一些器具，咚咚咚地，才把一些不明所以的材料，化為可以用、可以玩的東西。

我嘗試耐著性子回答他重複又重複的問題。琺瑯碟子、木頭小貨車是爸爸造的。木盆

是三谷爺爺造的。餅乾是風知姐姐造的。書是齋藤叔叔造的，書中的畫是直子姨姨畫的，造書的紙是不認識的哥哥姐姐用機器造的。紙是用樹造的。樹是不認識的哥哥姐姐公公婆婆種植管理的。滋養樹木的陽光和雨水是小精靈造的。當然還有很小很小的叫作微生物的生命體也一起幫忙……東西背後不只有人，還有大自然以及其他看不到的力量。「所以我們要愛惜東西啊，那麼，製造這些東西的大家都會很高興的。」我說，自以為是機會教育。他回應我一聲「嗯」，轉過身來就用小木槌把一台金屬小車子槌扁了。看來「愛惜」這觀念對他來說還是太抽象了。

日語裡有「もったいない」的說法，硬要譯成中文的話，應該是「浪費」。不過，もったいない其實有著更深層的意義。もったいない的漢字是「勿体無い」，當中的「勿」，本為「物」。物体，便是指物件本來的模樣，「勿体無い」字面的意思，是物件沒有本來的模樣。這句話聽來充滿禪意，根據淨土真宗本願寺派僧侶大來尚順，於《東洋經濟》發表的文章〈日語「浪費」裡隱藏的真意〉（「もったいない」の日本語に隠れた本当の意味）所言，「勿体無い」原來的意思，跟佛家萬物互通、互即互入的思想相通。物非物，而是所有的「物外」。愛物惜物，也是愛惜與物件相通的人、事與心靈。「勿

体無い啊，勿体無い啊。」我跟兒子說，他固然聽不懂。

如果東西也有前世今生，創造它的人主宰了它的前世，使用它的人則成就了它的今生。三谷龍二曾在日本全國多個藝廊辦了一系列的展覽，自己新造的作品以外，也展出被收藏者使用過的作品，那是關於物件的「今生」的展覽。三谷先生的太太順子小姐，提供了一個白漆大木碟，那個大木碟一直被她珍愛著，某天她用它來盛剛烤好的披薩，竟神差鬼使似地，直接以披薩切刀，在它身上滾過，白漆木碟皮開肉綻，傷痕補不回來。記得三谷先生向我們展示那碟子時臉上無奈的苦笑，也記得順子小姐當時的俏皮笑臉。那道傷痕，讓她更感到與碟子親近如摯友了。

金森也借出他在好多年前買來的木碗，那木碗以往是他使用的，我們相識後，則成了我到訪他家時，我的專屬飯碗。兒子出生，一歲多學會走路以後，我帶著他參與森林幼稚園的親子班，它自此歸兒子所有，在郊外喝味噌湯時，他都用上這個木碗。金森把這個故事寫在展品的解說文章裡，後來三谷先生為展覽製作了小書。這隻木碗一直在身邊，卻是隔著書頁，才感到它的生命如此綿延，伴隨著金森小半個人生。

說回那兩個被要求製作的小布袋。沒有高效率的縫紉機，還好有一雙不怕重複性工作的手。在儲物櫃裡找了幾塊舊布，趁兒子難得獨自玩得投入，又或是晚上他睡著了而我還留有一丁點精力時，趕緊拿出來縫上幾針，一個星期下來，他的散步袋子總算完成了。針步縫得歪歪斜斜的，但還算牢固，袋子的開口也太寬了點，該造得窄長一點，才不易丟東西。

有一本我們都很喜歡的繪本，內容關於一位叫喬瑟夫的大叔，喬瑟夫大叔有一件大衣，大衣舊了破了，他就把它剪裁過縫製成短外套。短外套舊了破了，他就把它剪裁過縫製成背心。背心舊了破了，就把它改成圍巾。圍巾後來成了領帶，領帶成了手帕，手帕成了鈕扣。後來鈕扣丟失了，他甚麼都沒有了，卻生出一本書來，關於這鈕扣的。「勿体無い」，每一次缺失成就另一次的建立，最終大衣的形體消失了，留下他的人生故事。

兒子跑跑跳跳停不下來，說不定一個學期後，袋子就被他用來運送沙泥，在水窪裡洗刷，於石頭上打磨，變得殘破了，到時再替他造個新的、實用一點的，而變舊了的這個，應該會被我改成鍋墊吧。不知他長大後看到鍋墊時，會否記得自己曾經是個搗蛋鬼。

安藤明子

懷孕的時候到訪百草，安藤明子見我肚子微凸，匆匆往裡間去，帶來一條淺棕色的沙龍，教我如何以它兼作托腹帶，靠棉布及繩子的力量，托起日漸隆起來的腹部，以避過即將來臨的腰背痛。那年的炎夏，我的肚子開始脹如皮球，每天汗流如注，那條沙龍成為了我重要的家居服。窩在家裡用它作托腹帶也兼作裙子，腰部不如縛著一般托腹帶時般悶熱，一把風扇搖頭擺腦，清風穿過沙龍涼快我的腿。挺著肚子站在廚房爐火前近兩小時，準備早餐與金森的便當時，邊感受著沙龍的守護，邊心想「原來如此」。明子小姐如此熱切地希望這環狀布料能在孕期間走進我生活，是因為她深信，它能在我疲累之時，扶我一把。

明子小姐後來又送了我們適合作嬰兒背帶的沙龍，一條是米白色的，另一條則是黑色的。黑色那條較短，是某次我在百草以米白色沙龍把兒子掛在胸前時，她發現相對於我的矮瘦身材，沙龍長了點，便找來一條因一丁點瑕疵而被收在倉庫的黑色沙龍，簡單縫上幾道線，將它縫短了。

「不需要背帶後，你可以當作沙龍穿。穿舊穿破了，又或者根本不想穿，則用來作毛巾吧。用髒了後，可以剪開它來作抹布。」她把沙龍交到我手時這樣說，送兒子穿的小布衣時也說過類似的話。做衣服的人，大都只看重衣服光鮮簇新的時刻，我從沒遇過一位設計師、賣衣物的人，甘願陳述衣服的生老病死，並深信它在每個階段都自有其任務。讓衣物活得好活得滿，定是出自她對它們非比尋常的愛意。

每次與明子小姐碰面，不管是在百草的和式空間裡，又或是有如素白盒子的藝廊裡，甚至是我跟金森的婚禮上，她都穿著層層疊疊的沙龍。偶爾看似一身素淨，但裙袂透出內層沙龍的繁花似錦；偶爾內層的沙龍色彩淡泊，鎮靜了外層的鮮豔奪目。天熱時沙龍質料輕如風，天冷時則是厚重的棉或羊毛。上身則穿上洋服，有時是簡單的小背心，有時疊穿著棉衣與毛線衣，變化多端，自由自在地以不同的配搭來回應「晴」或「褻」。

這天我跟她約在百草碰面，她下身穿著米白色沙龍，上身在 mon Sakata 的T恤上套了一件淺棕色毛線短背心，再掛上一條白色圍裙及一個白色針織包，層層疊疊的，十分好看。我很喜歡明子小姐的穿搭，她在工作場合中有點靦腆，而這一身隨興的拼湊，正好洩漏出她貪玩與好奇的個性。

明子小姐在二十六歲時跟陶藝家安藤雅信結婚，數年後於多治見設立了百草藝廊。最初前鋪後居，藝廊裡辦展覽，售賣安藤雅信的陶藝作品，也賣明子小姐主理的衣服品牌 momogusa 的製品。我不想稱它作「時裝」，因為她造的衣物並不放眼於一時。說是「服飾」也好像有點不恰當，因為比起裝飾，她更重視衣服的日常性及可塑性。

「我跟安藤結婚前的一年，到窯業技術專門學校學習製作陶瓷的技術，每天都穿著制服，在那之前，則在名古屋一家設計公司經營的藝廊上班。那時雖然也穿著自己喜歡的衣服，但都是考慮到場合而選擇的。當我們屬於某個地方的時候，很自然就會選擇相應的衣服。結婚後，我搬進安藤家，安藤家是很寬容的，他們對我選擇的衣服從不多說一句。我突然意識到，自此以後，我可以自由地決定穿甚麼衣服了。但往後到底要穿甚麼呢？」

往後到底要穿甚麼呢？這條聽來簡單的問題，其實是對自己的價值觀深刻的探問。

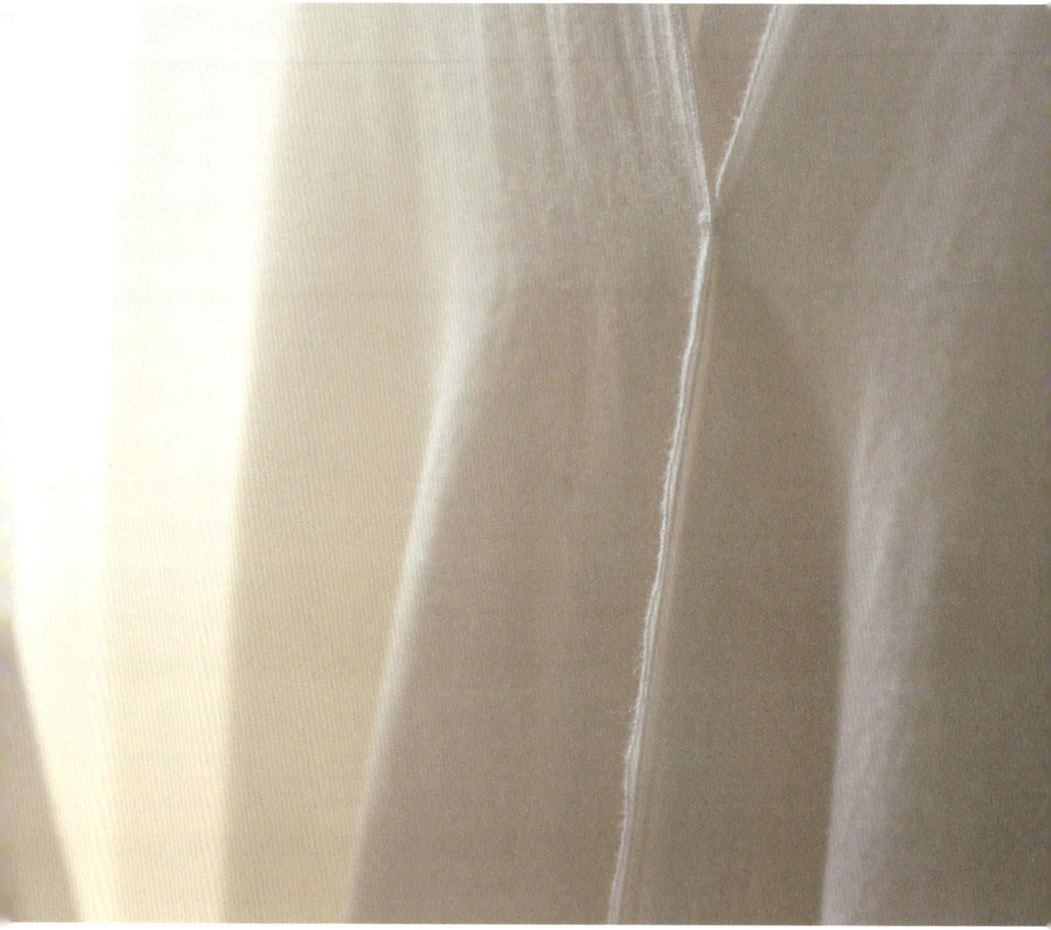

那代表著脫離主流對外觀的評審準則，仔細地注視著自己內心底層裡，注重的是甚麼。是肉眼所見，還是皮膚所感？是久遠流傳下來的文化，還是稍縱即滅的流行？明子小姐思考往後要穿甚麼時，她希望是可以穿一生的，永不生厭的衣服。最終，她想到了沙龍。

沙龍是不少東南亞地區的民族服裝，經過多番研究，明子小姐將之化為一套獨特的衣服系統：筒狀的，寬度一致，把腰間部分折疊起來後能調節長短，不設鈕扣或橡皮筋，而以布腰帶固定，因此不管任何體形的人都可以穿著，而且能作疊穿，配搭千變萬化。這些巧思的原點，全都來自和服與日本的生活文化。

「我的祖母是大正時代的人，家在神戶，很早便接觸外國文化，與此同時，她日常會使用民藝品，很喜歡和服，珍惜地收藏著一些戰前的和服。」日本在二次世界大戰後邁進了高度成長期，很多東西都被工業化地大量生產。生活用品本是源自生活的，一旦商品化了其本質便有所落差，和服也如是。明子小姐與祖母很親近，年幼時喜歡到祖母家，被她收藏的戰前和服深深吸引。「戰前和服的圖案質樸地回應著季節，有些在當代的和服已無法找到了。我也很喜歡和服那種幾何學般的構造。我想，不知能否造出融合和服的巧思，同時貼合現代生活的衣物。」

另一方面，參加茶會的經驗，讓她目睹了穿著洋服在和室空間裡的困窘。「茶會都是在和室舉行的，客人必須脫下鞋子，正坐在榻榻米上。有些客人會穿著洋服來，但穿著洋服正坐的話，衣物會起皺褶，穿短裙的話會露出膝蓋，長褲的褲腳則會被拉起，不太好看。另外，洋服的襪多是針織品，和服的足袋則是用棉布縫成的，形態是固定的。客人若穿著襪子走在很靠近茶道具的位置，會予人很赤裸裸的感覺。」她感到洋服與和室空間的格格不入，而沙龍似乎正好提取了洋服與和服的特質，穿著與清洗的方式等都與現代生活方式相合，也如和服般與和室空間相配。

明子小姐在二〇〇六年出版了書籍，介紹 momogusa 的製品。關於沙龍的兩個章節裡，除了說出她製作沙龍的來龍去脈、沙龍的穿著方法，還詳細地說明了她對沙龍的洗滌、折疊、收藏、攜帶等方面的構想與體會，另外也有於日常生活中活用沙龍的各種方法等，書名為《安藤明子的衣生活》（安藤明子の衣生活）。衣服不獨是穿在身上的、只關於視覺與觸覺的東西，也是衍生於生活，同時與我們生活在一起，共用一個居室，我們好好與之相處，便能令彼此的生活更為豐盛。「衣生活」正好說明了她看待衣物的態度。

明子小姐疼惜著布料，構想衣服的結構時，其中一個重要準則，是能不剪裁便不剪裁。一塊布料，翻來折去，盡量把其寬幅用盡，不得已才劃下一條裁線。沙龍固然如是，至於幼兒穿的小背心，主要由兩塊薄紗巾組成的，左右兩邊縫在一起，上方穿上一條繩子作為吊帶。被她稱為「尖角型上衣」（とんがり型上衣）的衣服，則是她於工作、育兒及打理家務後僅有的餘暇裡，藉折紙構想出來的。

設計看似簡單，細部裡卻埋下了不少工夫與心思。她尤其喜愛一種叫作「捻縫」（撚りぐけ）的方法處理，邊揉搓布邊縫合，全手工的，費工又費時，但縫出來的邊緣纖幼，看不出縫線，而且能令成品變得更堅韌耐用。布料交接的地方要怎樣用縫線來加固、鈕扣要釘在哪裡，怎樣釘，才能增加布料韌性，不會因拉力而變形。手織的單薄布料尤其脆弱，造衣服時一般都會在受力的位置縫上化學纖維造成的底布，明子小姐卻寧願多費心思，以自己的方法解決這些製作上的難題。因為她覺得底布如同把布料與線的手足縛起來，令它們難以自由伸展。

「我很喜歡布料原來的模樣，既然要用它來造東西，總覺得必須造出比它原來的樣子更好才行。假如我剪了它，縫了它，造出的東西卻不比它好，是沒有意義的。」穿著明子小姐構想的衣服時，常感到如同披著一塊美麗的布料，它自在地隨風、隨我們的動靜輕搖。假如萬物有靈，它們定很慶幸自己遇上了伯樂，將它們最原始的美好，質樸地展示出來。

明子小姐常謙卑地說自己非設計師，手藝也不好，momogusa 能維持下去，都是靠工房的伙伴們的幫忙。她給我看收在工房內的設計圖，清晰明瞭的都是以往在 momogusa 工作的員工繪畫的，笑說自己的畫像小孩子的塗鴉。

「我會造的只是這些而已。」她從手提袋裡取出一個小布包，又從布包裡掏出一朵粉紅色的布花，以及幾塊粉紅色的三角麻布。嬌嫩粉紅的卷芯花，看得出是用三角麻布卷成的，布的毛邊成了花的花瓣。「早幾天我買到了幾塊造蚊帳的小麻布——蚊帳上吊繩的位置會縫上這種三角形的布料。因為是紅花染，我猜是來自山形縣。剪裁布料時，若沿著線縱橫的剪，毛邊便會跑線，斜剪的話則不會。」她用指尖輕撫著布料的毛邊，像撫摸著初出生的小貓。她羞澀地說：「我很喜歡它們的毛邊，想用它們來造點甚麼，但這不能稱為作品吧。而且明明它們原來的模樣是最美的。」

明子小姐向我展示她用來盛針線的小盒子，鋁金屬製的，表面有點凹凸不平，手工談不上精巧。「這東西是肥皂盒，我猜是某人為自己或為孩子做的。做得不工整也不完美，卻很惹人憐愛。它是誕生於生活裡的東西，如今若有人刻意造出相近的東西，就成為了那人的『作品』。並不是說哪個比較好，只是兩者是不同的。」自生活衍生出來的東西帶著微溫，而被視為作品而創造的東西，則多了一份創作者的意志，即使模仿得再相像，氣質也不同。當中的差異難以言傳，卻是心靈能夠感受到的。

與明子小姐相處時，常在細微處感受到她對物件的珍視。記得一次，兒子穿著momogusa的短褲，在百草的庭園裡玩得一褲泥沙，我們替他更換了衣服，在百草閒聊間，發現明子小姐把骯髒的短褲洗好晾在洗衣間裡。我想除了因為她的親切外，也因為她不忍心讓那柔軟的棉褲子被泥巴覆滿。

明子小姐家裡常用的盤子，不少都缺了口，但無傷大雅，她便如常用著。喝咖啡用的小杯，手把摔壞了，她將之打磨過，當作是盛小東西的工具。她身上穿的白色圍裙，口袋的位置有點破損了，她用灰色及米色的布料作補釘，將之縫補起來，整齊排列的線步，成為了圍裙美麗的裝飾。這是生活留下來的破損，也是生活為其添上的點綴。

忘了在哪裡讀到，明子小姐說希望自己的布藝品，經歷過年月的耗損，脫離了原來的用途後，仍能以別種方式存在，寄存著布料的生命。以往我對她這番話茫然無頭緒，看到圍裙上的補釘，突然有所領悟。物件一旦誕生便注定步向耗損，有天它殘了破了，唯我們對之的珍惜，足以將它的奄奄一息，化作歲月靜好。

小空咖啡

「這家怎麼還不倒閉呢？」自從小空咖啡搬離後，我便養出一副壞心腸，只要有新店遷進小空的原址，心裡便默默詛咒該店趕快倒閉——沒有一家店值得那個位置。

小空咖啡的原址在一個不具名的池塘旁邊，正門面向一條經常有大貨車進出的繁忙公路。有一段日子，聽說因為天皇要到附近探訪，為怕有人埋伏，池塘旁的樹木被大刀大刀地砍伐，那陣子樹林像是得了鬼剃頭，風景慘不忍睹。雖然稱不上湖光山色，然而，自公路鑽進去，把車子停在停車場時，我總不禁雀躍起來，迫不及待跑到停車場另一邊的豬屋旁，掏出在山上拾來的團栗。兩頭圓滾滾的黑豬從來對訪客愛理不理，但團栗是最好的搭訕工具，牠們會願意在圍欄旁待一會兒。黑豬有一大群母雞鄰居，這群母雞比牠們幸福，偶爾見牠們走出屋外，百無聊賴地在草叢之中徘徊，似乎還算自由。小空咖啡就像個小小的農場，養了黑豬、母雞、四隻老大的秋田犬、數不清的貓，庭園陽台下還住了一群小鴨子。這讓小空咖啡在網路上的評價很參差，有人喜歡它無拘無束的氣氛，也有人說店內充滿了動物的氣味，嫌棄桌邊的貓毛與陽台裡的狗吠。我說它是世界上我最喜歡的咖啡廳，就像有人喜歡焦掉的荷包蛋邊緣、貓身上特異的臭味一樣。

若非炎夏，我們大多選擇陽台的位置，呆看著池水被風吹起的波紋，等待著居於池塘裡的烏龜探出頭來，以及偶爾才出現的白鷺。來接待的多是一位五十來六十歲的大叔，小空咖啡陽台上的桌子、長椅、圍欄、收納架等都是他做的，好幾次，見他待在停車場上鋸木材鎚釘子，原來是在建收藏工具的小屋。他的手工跟他的臉色一樣從容，桌子歪歪斜斜，圍欄的木材長短不一，至於大叔，他從不為客人抖擻精神，衣服總是長滿毛球，走路時像腳踏浮萍卻莫名捲起一堆塵土，臉上倒是常掛著笑容，露出一排丟了四顆門牙的焦黃牙齒。

小空咖啡的午餐很簡樸，一小碗幾種蔬菜煮在一起的東西、一小碗沙拉、魚或肉等蛋白質類的東西、雜穀飯，都是身體能感受到美味的食物。進食後沒有感到半點負擔，舌頭或感到平平無奇，但身體卻為之喜悅。小空咖啡的午餐裡有時會混入一些稀有的食材，像是日本叫「金柑」，台灣叫燈籠的，那是退役母雞卵巢內未成形的蛋黃。小空咖啡用來做布丁的雞蛋全是自家土雞產下的，想來這些燈籠也是來自草叢裡自由自在的母

たまご ¥580
ミックス ¥580
野菜 ¥580
ハムチーズ ¥580

雞的。說來好笑，有時午餐裡有豬肉，我們用餐後便忍不住戰戰兢兢地去確認黑豬們的安危，還好牠們總是在圍欄內呼呼大睡。我們居於名古屋市的近郊，因為半途而廢的城區開發計劃，令這地區喪失了過往連綿農地的村落景色，同時邁不進繁華都會的門檻。農田被抹走，取而代之的是造工廉價的公寓房屋，以及全國隨處可見，易建易折舊的組合屋。我常開玩笑說，自己居住在一個只有麥當勞及壽司郎的地區，暗示這裡只有連鎖店，沒有任何地方特色。小空咖啡是我們在這地區重要的心靈依靠，讓我們覺得興之所至時，還有想去的地方。它與我們「等身大」，我們不用刻意裝扮自己，也沒有任何將就，不會感到半點格格不入。在居住的地域裡，能有一個自己家以外的，安心停留的場所，我感到欣喜不已。可惜小空咖啡最後還是遷離了。

「因為想去靠海的地方」，平常寡言的女店主H如此解釋她遷離的原因，另外就是因為「最近太多新客人了。」小空咖啡因為被觀光雜誌報導了，一時之間，多了很多她不熟悉的客人，失掉了自己喜歡的節奏，她寧願離開。那時正值早冬，天涼，室內的柴火暖爐已點燃，柴火劈劈啪啪地跳動著，一隻新住進來的小貓佔了暖爐的一角，軟綿綿的。近日豬屋裡空晃晃的，她說已把黑豬送出去了。不知道送到怎樣的地方去。

想來近一、兩個月來都不見缺牙大叔的蹤影。「他有天酒駕被抓，與其被罰五十萬，他選擇住進牢房了。」H輕描淡寫地說，我們忍不住為他的莽撞而大笑。

小空咖啡遷離後，那老舊的平房空置了好一陣子，後來幾個外國人租用了，改為供應墨西哥菜的餐廳，原來建了豬屋的地方，給改成狗公園，而陽台上關住秋田犬的位置，則放了一排面向池塘的吧檯桌。墨西哥菜餐廳的咖啡太淡、甜點太甜，陽台上放的音樂太吵耳，我們只去了一次便沒再去了。一年多後，外國人遷出，來了一家原本位於市區的美式餐廳，店主熱愛美式鄉村搖滾樂，賣格子鬆餅三明治外，也辦搖滾音樂會，店名叫「悠閒」，由豬屋改成的狗公園給當作抽菸區了。

好幾次，我們走進「悠閒」，坐在陽台上，耳畔節拍明快、鼓聲沉重的搖滾樂彷彿足以震動平靜如鏡的池塘。記憶中的小空咖啡很安靜，雖然理性上明明知道，車水馬龍的公路定傳來繁囂的引擎巨響，但，記憶中的小空咖啡很安靜。

金森說小空咖啡的原址，多年來轉換了多次店家，喫茶店、小酒館、定食屋……全都做不長，唯獨小空咖啡經營了多年。我只能安慰自己萬物皆有定時，慶幸自己有與之好好相處過。

和紙

大江步遞來她最近手抄的和紙，我依她所言，深吸一口氣，果然和紙傳來濃濃的米糠氣味。炎炎夏日，我腦中漾起了在秋風裡搖曳的稻田，波浪起伏如黃昏時金黃色的海。冬季時，農人們在田裡堆起稻穀山，將之燒成用來改善土壤的稻穀燻炭，炭堆裊裊升起的青煙，也飄出相近的氣味。大江步是專業的和紙職人，住在京丹波一個只有二十多戶人家的村落裡，某天鄰人送來一堆米糠，問她能否造成紙，她幾番嘗試，造出這泛著米糠香的和紙。

手抄和紙之於我有著特殊的魅力，這魅力是關於眼睛與皮膚的，指尖輕撫著和紙粗糙的纖維時感動難以言喻。只是我未想過原來和紙也能用嗅覺來感受，雖然這米糠香於數天後，便會褪去。

未被剪裁過的手抄和紙的毛邊，教人想像著紙張的前半生，它原是怎樣的植物，有著怎樣堅韌的纖維，是經歷過多少水深火熱才煉得如此柔軟如絨，又是怎樣的人在怎樣的風景裡，揮著汗水頂著寒冬，驅使它們經歷這些。一行禪師有一句常被引用的名言：「如果你是一位詩人，你會清楚地看到一朵雲飄浮在紙張裡。」我想，即使缺乏詩意，手抄和紙上也教人輕易感到萬物相即的道理。

日本把手抄紙寫成「手漉紙」，日文的「漉」跟中文一樣，都是過濾的意思。而描述造紙時，人手造紙才用「漉」，以機械生產紙張的則用「抄」。傳統的手抄和紙製法，是循著自然而行的。和紙最普遍的材料是楮、三椏及雁皮，地理與氣候環境容許種植哪種素材，便多用哪種素材。植物由收割至成為造紙的纖維，得經過蒸、剝皮、除雜質、烹煮等等多重單純的體力活。產地不同，製造方法卻大同小異，與此同時也因為自然環境差異發展出不同的工序。

像美濃和紙的產地岐阜縣美濃市，會把楮樹皮泡在河裡，以河水沖刷。而在冬季頓成雪國的新潟縣，則以名為「雪漂」（雪晒し）方式，將楮樹皮排列在雪地之上，借雪的冰冷破壞樹皮纖維的細胞，且日光來自天上也自雪地反照，樹皮浴在紫外線裡，更易被曬白。因為全球暖化，有時雪國迎來暖冬，「雪漂」便難以實行，不少至今堅持以傳統製法造紙的工匠也為此煩惱。傳統工藝與自然共生，就地取材，接受了大地的福蔭，

也承受了自然給予的難關。

之前曾到名古屋市內聽和紙工匠三宅賢三的講座。三宅賢三很受其他和紙工匠的敬重，參與講座的不少都是業界的後輩，我便是在那裡認識大江步的。三宅賢三獨自將已在日本失傳的手抄竹紙製造技術，重複實驗研究，並成功造出美麗耐用的竹紙。當年他由以楮改為以竹造紙，便是因為就地取材。家附近一片竹林，何必特意自別的縣訂購楮材？

年近七十時，他決定退休，因為後繼無人，便把工房裡的造紙道具一把火燒得清光，退休得瀟灑又決絕。留下大堆的竹紙，放在紙張專門店「紙的溫度」（紙の温度）出售，想著與其任竹紙擱在貨架，不如讓它走進更多人的書桌上，定價一千六百八十日元十張，幾乎是原價的十分一。賣場裡數十種竹紙分門別類套在透明膠袋裡，膠袋上貼著標籤，標明了該竹紙的竹材種類、年紀與產地、竹材花了多少年月發酵、有否加入其他原材料、黏合劑的種類……他是工匠也是科學家，嚴謹實驗精神令人欽佩。

竹紙以外，在紙的溫度能找到他以茗荷、狗尾草造成的紙。不是混在和紙裡作點綴，而是以其作為原材料，茗荷紙透著淡粉紅，狗尾草紙青綠，植物形不在而神在。

他形容自己得了造紙的病，幾乎以任何伸手可及的、意想不到的植物造過紙，只要能夠提取出纖維的，他都忍不住嘗試。可惜大部分成品都不實用，像甘筍造成的紙張不盈一握，成不了商品，卻滿足了他的玩樂心。知之者不如好之者、好之者不如樂之者，如此樂此不疲，他眼內的野草雜木，定比我們眼內的富趣味多了。

大江步定也一位樂之者吧，才會費盡心思，將米糠製成紙。她帶來米糠紙，原本是希望聽取三宅賢三的意見後，請他收下的，不過三宅賢三笑說家裡溢滿紙張，斷然拒絕了。大江步後來把米糠紙轉送給我，臉上也不見失望，倒像是分派著她的樂趣。我把它帶回家，跟三宅賢三的竹紙及茗荷紙等一同收在抽屜裡。抽屜裡全是我的和紙收藏，為每日重複的雜事感納悶時便打開來，看一看紙上漂著的浮雲，聽一聽「樂之者」為事物雀躍的怦然心動。

神前弦

信箱上一道用鉛筆劃成的線，又粗又直又深刻，藤井咲子小姐說：「真像我的祖父。」她的祖父，神前弦，八十歲至九十五歲間，每天醒著的時間裡，都坐在同一個位置，用他所能找到的任何紙張，重複地造著信封，日復一日。不賣錢，不送人，不為甚麼。

二〇〇七年，神前弦過世後十年，坂田和實在 museum as it is 為他舉辦了大型展覽。貼滿整面牆的信封，用各種各樣的廢紙造成，尺寸相同，色彩只有白灰棕，表情看似相近，細看才發現它們都截然不同。有的素材不足被填補過；有的開口處是傾斜的——大概因為神前弦晚年一隻眼睛患上白內障，視力失了衡；以包裝盒造成的那個，為方便撕開盒子而裁設的虛線竟被完好保留下來……看過展覽的人，心都被撼動了。是甚麼樣的老先生如此孜孜不倦，樂此不疲，花上十數年光陰造出上萬個信封？展覽原本為期半年，後來竟延期至一年多。

「看展覽時，我的感覺是：我的垃圾被展出呢！」武藤康子，神前弦的女兒笑說。

在她的姪女咲子發現祖父造的大批信封時，她打從心底認為，那些信封——父親留下來的大堆遺物，不過是有待處理的垃圾而已。

「祖父過世後，他原本住的房子因為被收地需要清拆，某天我去幫忙收拾，順便接收一個抽屜櫃子。櫃子沉甸甸的，打開一看，發現其中兩個大抽屜裡，整齊地塞滿了樣式一樣的信封。我看著看著便哭了，是祖父造的信封……」咲子小時候到祖父家玩，祖父總是忙著手上的作業，她偶爾會待在他旁邊，看他怎樣剪裁紙張，怎樣折疊，怎樣黏貼。從抽屜裡翻出了信封，也翻出了她的回憶。她立時請康子把之後發現的信封，也統統留下來，不過那之前，康子其實已把海量的信封扔掉一半了。

「我相信祖父定非想像著完成品而做這些信封的。祖父只是為了獲得素材，去分割紙箱、把厚紙分成兩半等，他沒有刻意設計，信封是偶然變成這模樣的。」祖父的信封造成了不小的迴響。咲子說，比起信封的美醜，更感動她的，是祖父每天淡淡然地，嚴謹地重複做著相同事情的生活方式。

關於祖父的回憶，咲子跟康子是差不多的——寡言、不苟言笑，而這些回憶，又通常被紙張重重包裹著，鋪滿了剪裁紙張時揚起的微塵。對於咲子來說，或許還迷迷濛濛的有點浪漫，但對於長年與神前弦同住的康子來說，則是一場長年累月、難以抵禦的沙塵暴。

「他有時凌晨三、四點就醒來，醒來後便坐在餐桌的那個位置，到晚上十二點左右他睡覺前，一直在做他所謂的『紙的工作』。」康子找來一張老照片，照片中，神前弦坐在餐桌前，桌上滿是料理，他的位置卻被紙張與工具佔滿了。「自己吃飽了便把碗筷收一收，又把工具拿出來開始『工作』。」

一九〇二年出生的神前弦，一生似乎停不下來，無法不工作。年輕時他是造房子的工匠，經歷過傷亡慘重的關東大地震及兩次世界大戰。第一次世界大戰時，他因為身體不夠壯健而沒被軍隊選上，今天聽來，不用上戰場是萬幸，但那時年少氣盛的神前弦，卻視之為恥辱。二次世界大戰時，他已有自己的家庭，一心只想給家人溫飽。神前弦的創作力量在苦難裡被充分利用，康子說戰爭時農人特別高傲，顧客來買食物，帶錢之餘

還得帶禮物。婦人們帶來的高貴和服太虛幻，神前弦以廢木頭廢鐵材做的木履及烤魚網實用多了，農人們因此願意多賣他一點食物。神前弦一雙巧手，從不為孩子做玩具，他只做能餵養家人的東西。

「就是那個時代裡，最普遍的父親形象。」康子說：「小時候，他下班走進玄關，會咳嗽兩聲，我們幾個孩子驚覺爸爸回來了，原本吵吵鬧鬧也會立時停下來。回家後，他便換上和服，吃過飯，他跟我說：『走！去散步！』，我再不願意也要去。說散步，真的只是走路而已，他一路沉默，也不跟我聊天。」

這樣嚴謹的神前弦，在七十一歲時，終於放下了建房子的工作，退了休，長時間在家裡。腳還能走動的日子，他每天出門散步，回到家裡則窩在電視機前，他稱這是「電視的工作」。工作內容？就是看電視。後來，雙腳沒以往靈活了，覺得出門徒添家人鄰人麻煩，坐得無聊，腳不動，手指也需運動，他於是折起紙來，折了又扔，折了又扔，康子見狀，拋下一句：「做點能用的吧。」自此，神前弦專心做信封，他視之為「紙的工作」。

起初神前弦使用的是光滑的舊月曆紙、宣傳單張、和菓子的包裝紙、零食的紙盒

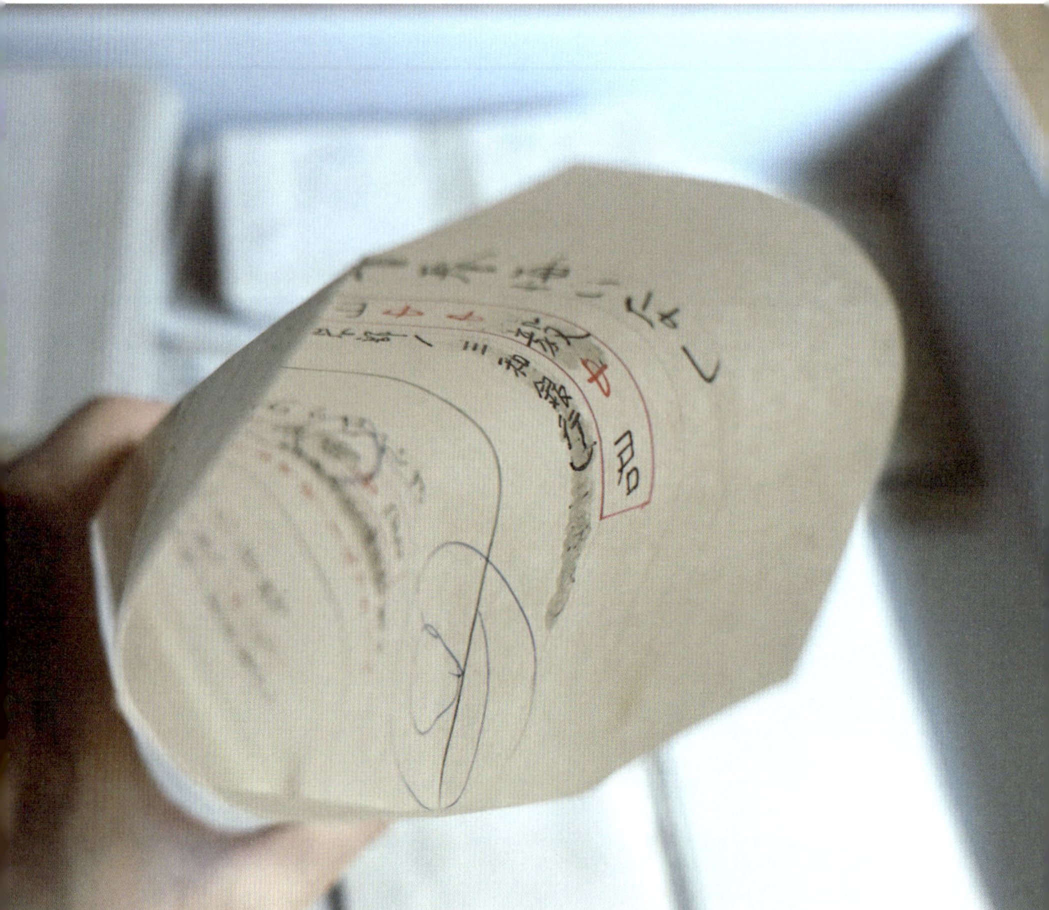

……順手拈來的任何紙張，後來他的目光落在厚重的瓦楞紙箱上，康子的「惡夢」更陰沉了。「瓦楞紙不是由三層紙張組成的嗎？他呢，居然逐層完好地分割開來。揚起的塵埃，你很難想像！」照片裡神前弦的居室還算整潔，我真的想像不來。「照片裡空出來的空間，後來都塞滿各種紙了！」

大概神前弦體內住了工匠的靈魂，紙的工作他也做得特別專業。做信封前先造模版，用來分割紙張的小刀，也是他親手以水果刀打磨而成的。分割紙張的方法也彷如他做木工般，口含著水往紙張一噴，水滲透了，紙張軟了，才用自製的小刀分割，然後以抹布仔細抹拭壓平。聽時覺得歎為觀止，但也能想像康子的煩惱——家中一角頓變工場，負責做家事的當然皺眉頭。何況這老工匠，還會把康子寫作時的原稿、兒子的設計圖等等，統統當作信封的材料。

「祖父家裡幾乎沒有紙張垃圾，有時我去探望他，帶著伴手禮，他說：『裡面的東西不要了，把紙箱拿來。』」咲子憶起祖父的往事，總是笑意盈盈：「祖父行動不便，平常不出門，我住在奈良時，有次他難得自東京來探我，但一抵達，居然是問我要紙張，他想『工作』。」

神前弦在一九九七年離世前，曾一度因中風住院，那時他仍忘不了他的「工作」，把鋪枕頭用的毛巾折成信封，把條紋毛巾撕成條狀……出院回家那天，晚上睡不著，他爬起來到慣常的位置，投入在「工作」裡。

神前弦生前常說：「生產是年輕人的責任，我所做的，都是多餘的。」他那時定沒想到，孫女咲子會帶著他做的信封，在日本各地，以至海外，舉辦逾十場展覽。定沒想過，他那些多餘的工作，成為了某些負責生產、從事工藝與美術的年輕人的養分。

神前弦：「再吃飯也沒有用了。從前吃飽了，排泄了，還能成為肥料，即使是老先生也能對世間有所貢獻。在現今世代長壽只是浪費資源而已。雖然發著牢騷，但我從起床至睡覺的十五個小時裡，都幹勁十足地做著『紙的工作』啊。」

神前弦

後記：

家中有三本《爺爺的信封》（おじいさんの封筒），一模一樣的，同一個版本，一本用來翻的，另外兩本則收藏著。用來翻的那本，早給我們翻得書邊生出細毛來。坂田和實在書的引言中，用「純粹」來形容神前弦做的信封。他說：「『純粹』是指，只是原來的模樣便好；萬物只是保持著其本質的世界。是我們這等吃過智慧果實的人類，難以透過思考而進入的世界。只要意識著『純粹』，『純粹』的世界就會消失了。」

只要意識著『純粹』，『純粹』的世界就會消失了。我想我是被他心無旁騖建立出來的『純粹』世界所感動，裡面沒有任何美醜，沒有任何評判，也沒有想表現自我的執念。

我讀到《爺爺的信封》的時候，神前弦已離世多年。我想聽聽關於他的故事，便透過名古屋的 Tisane infusion 的則武有里小姐（Tisane infusion 是另一個曾為他的信封辦展覽的場所），連絡到藤井咲子，讓我有機會親眼目睹神前弦親手造的大量信封。文章初次刊登在香港的《Obscura》雜誌時未有提及，著實失禮。在此向則武小姐表示謝意。

金繼

亮平先生的碗缺了一塊。

幾個月前的早上，我如常邊喝著白開水，邊收拾前一天晚上清洗過並晾在籠子裡的碗碟。拿起山本亮平造的一個青釉的陶碗，發現那缺口，眼睛便離不開從缺口露出來的白陶土了。開水自喉嚨滑進肚子，我的心臟慢了半拍。到底是何時碰壞的呢？

亮平先生是我心裡很敬重的陶藝家。他的工房設在九州。九州的有田雖自古以來都是日本陶瓷器的重要產地，不過現時當地生產的陶瓷器與以往的不大相同，其中一個原因是原材料短缺，陶土成分不同，製品的氣質自有差異。古有田燒那如同在雲層中般混沌的白，堅硬卻見柔和，單憑釉藥的調配或塑形，是模仿不來的，為了重現古有田燒，亮平先生親自採石材，製作陶土。有說陶瓷的要求，一燒成、二泥土、三才是工夫。為了重現古有田的燒成效果，他還自行維修了前人留下的柴窯。他的陶瓷器清雅而凜然，也是內斂的，無論用來盛甚麼料理，都映襯得十分好看，我對之愛不釋手，未想到自己如此大意，損毀了它。

初生的傷口特別鋒利，好一陣子，我一直猶豫著要否用金繼將之修補。金繼是一門器物的修繕技術，以漆樹的汁液作為主要材料。就像人受傷了會流血，漆樹受傷了則會分泌出汁液來，遇到空氣後，樹液凝固，以保護樹上的傷口。現時在日本發現最早以漆來修理器皿的出土物，是繩文時代的物品，也就是說，早於公元一萬多年前已有人懂得以漆來作接合劑，實在不可思議。漆樹長至十至十五歲的樹齡，便能取漆。採漆工人在樹上輕劃出一道道淡淡的傷口，然後迅速將白色的樹液收集到小桶子裡。樹液如血，樹液給採盡了，漆樹的生命也將終結。或許因為採漆如同慢慢地奪取植物的生命，因此我接觸過的漆工藝家，都對漆珍以重之，不作半點浪費。

金繼工藝家清川廣樹在著作《繼：金繼的美與心》（継：金継ぎの美と心）之中提到，金繼技術早期流傳於民間時，幾乎家家戶戶通曉，於物資貧乏短缺的時代裡，一口碗一隻碟，都是家裡不可多得的財產。那時漆樹隨處可見，碗盤摔破了，家門前剛巧有棵漆樹，便採點樹汁，在飯鍋裡掏幾顆飯粒，揉搓混合，搓成天然的黏合劑，將之黏起來。直到室町時代，茶道的前身茶之湯被推崇，茶人們從殘損的器皿之中看到了嶄新的

美麗景色，金繼在這文化背景下，給茶人養育成一門與美學緊扣的工藝技術。

與西方修復古物的觀念不同，西方盡力將裂紋不為人所見，日本卻將之全盤接納。萬物有時，有生必有滅，在煙消雲散之前必有破損，而金繼刻意將其破損凸顯出來，可說是日本傳統自然觀的體現。金繼的工序非常繁瑣，簡單說來，就是以漆混入小麥粉或粳米，造成麥漆或漿糊漆，把四分五裂的黏合，將缺了一角的補回來，經過幾次打磨、上漆、修飾，最後一個工序多是在接合處塗上混了金粉或銀粉的漆，器物的傷痕閃閃發亮，創傷化為美麗的紋身。

金繼的「金」，原是指最後的修飾工序中採用的材料，把金粉混進漆裡作最後修飾的，才叫作金繼，採用銀粉的則叫銀繼，而以白漆、黑漆或紅漆作修飾的，則叫作色漆繼。只是現在都統稱金繼了。在日本不少博物館中看過以紅漆或黑漆作為最後修飾的，於九州大分縣一個叫糧之家（糧の家）的民宿裡，也見過滿面黑漆紋路的大盆子，用來盛女主人為我們準備的料理。漆在它之上，純粹就是接合劑，實用而質樸。某次在一位工藝家工房裡，則巧遇過一個以白漆修補過的玻璃器皿。細長的白漆滑過淺綠的玻璃器物上，如同透明的山脈裡流竄過一條乳白的小溪，安靜而不驚動人的，不反映夕陽的金

光，也不映照圓月的銀影，一派安然樸素，不以破裂為恥，也不以缺陷為榮耀。彷彿在說，不過是生命中理所當然的境遇，不需呼天搶地，也沒有美化的必要。

我的金繼技術是自學得來的，手工雖粗糙，但也拯救過家裡一些無辜遇難的碗碟。然而，我卻一直提不起勇氣修補亮平先生的碟子，主要原因是兒子出生後，我因休息不足而體弱，對漆的過敏反應變嚴重了。以往過敏時，不過是皮膚長紅斑，發癢難耐但也熬得過去。然而現在，不過是走進三谷龍二的漆工房，兩、三天後左手前臂竟如吹滿氣的塑膠手套，花了兩個多星期才消下來。心有餘悸，自此跟漆保持距離。反正缺口不礙事，我們便如常使用。

那小小的缺口在日子與日常的打磨下，銳氣減去，邊緣圓滑了，連我心裡的遺憾也彷彿被打磨過。那碟子好像本來就是那個樣子，不完美的、不完全的。我想起一位擅於金繼又喜歡古物的朋友，她甚少修補蒐集的古物。「它有缺陷的模樣本來就很好了。」她說。

忽然想起詩人窗道雄的一首短詩：

この世のものは
そこにいるだけ、あるだけで
尊いものなんです。

世間的萬物
只要在那裡、只要存在著
就是珍貴的。

想來，若當初急於將之修補，或許就沒有足夠的時間與之相處，沒有足夠的餘裕來體認，它的破損其實也很好。

摘柿記

作者　林琪香
副社長　陳瀅如
總編輯　戴偉傑
主編　李佩璇
編輯　邱子秦
設計　Saito Hideyuki
行銷企劃　陳雅雯、張詠晶

出版　木馬文化事業股份有限公司
發行　遠足文化事業股份有限公司（讀書共和國出版集團）
地址　二三一新北市新店區民權路一〇八—四號八樓
電話　（〇二）二二一八—一四一七
傳真　（〇二）二二一八—〇七二七
Email　service@bookrep.com.tw

郵撥帳號　19588272 木馬文化事業股份有限公司
客服專線　0800-221-029
法律顧問　華洋法律事務所　蘇文生律師
印製　漾格科技股份有限公司

初版　二〇二五年六月
定價　五〇〇元
ISBN　978-626-314-821-5
978-626-314-823-9（EPUB）

國家圖書館出版品預行編目（CIP）資料
摘柿記 / 林琪香作 . -- 初版 . -- 新北市 :
木馬文化事業股份有限公司出版：遠足文化事業股份有限公司發行，2025.06
232 面；14.8×21 公分
ISBN 978-626-314-821-5（平裝）

1. 日本美學　2. 生活態度
180　　　　114004063